나는 행복한 공무원입니다

나는 행복한 공무원입니다

초판 1쇄 2021년 07월 19일

지은이 이경희 | **펴낸이** 송영화 | **펴낸곳** 굿웰스북스 | **총괄** 임종익

등록 제 2020-000123호 | **주소** 서울시 마포구 양화로 133 서교타워 711호

전화 02) 322-7803 | **팩스** 02) 6007-1845 | **이메일** gwbooks@hanmail.net

© 이경희, 굿웰스북스 2021, *Printed in Korea.*

ISBN 979-11-91447-37-8 03190 | **값 15,000원**

※ 파본은 본사나 구입하신 서점에서 교환해드립니다.

※ 이 책에 실린 모든 콘텐츠는 굿웰스북스가 저작권자와의 계약에 따라 발행한 것이므로 인용하시거나 참고하 실 경우 반드시 본사의 허락을 받으셔야 합니다.

※ **굿웰스북스**는 당신의 풍요로운 미래를 지향합니다.

나는 행복한 공무원입니다

— 신규공무원, 꿈꾸는 마흔다섯의 진솔한 공직생활 이야기 —

이경희 지음

굿웰스북스

공무원이 행복해야 시민이 행복하다

비행기를 타면 안전수칙에 대해 방송한다. 그 내용은 이렇다.

"여러분은 비상 착륙 시 여러분의 자녀나 다른 동반자를 돕기 전에 여러분 자신의 산소마스크를 착용해야 합니다."

자신을 먼저 돌보지 않고서는 사랑하는 가족들을 구할 수 없다. 마음이 건강한 엄마가 아이도 건강하게 케어할 수 있다. 마찬가지로 공무원 자신이 건강하고 바로 서야 시민들의 고충을 헤아리고 제대로 그들의 마음을 살필 수 있다.

공무원 시험에 도전하기로 결정했을 당시, 나는 고등학교 졸업반인 아들을 둔 중년의 나이였다. 한 번도 쉬지 않고 다양한 업종에서 경험을 하고 도전해왔다. 어릴 때 특출났다거나 풍족하게 자란 사람들 특유의 여유는 없었지만 자신감 하나로 충실하게 하루하루를 헤쳐왔다. 그리고 안정된 제2의 인생을 추구했기에 공직에 도전했다. 그리고 마지막이라고 생각하고 열정을 태웠다.

시험을 준비한 지 2년 만에 다행히 9급 행정직 공채 시험에 최종 합격할 수 있었다. 주변에 공직자는 한 명도 없었다. 공부를 시작할 당시에도 직업으로서의 공무원에 대해 제대로 검토해본 적이 없었다. 그러니 매사 자신감에 차 있었던 '나'라도 정부 조직에 적응하기 힘든 것은 당연한 수순이었다. 결국 사직을 결심했다. 끝없이 밀려드는 업무와 갑갑하고 숨막히는 조직 문화에 두 손 두 발 다 들고 포기하려던 찰나, 내 손을 잡아준 단 한 사람이 있었다. 그녀가 아니었다면 나는 어떻게 되었고 무엇을 하고 있을까? 처음으로 포기라는 것을 배웠을 테고 한동안 자신을 패배자로 바라봤어야 했을 것이다. 한 사람으로 인해 고비를 넘겼다. 그리고 지금은 완고한 조직 생활에 어느 정도 동화되었다고 할 수 있다. 이제는 직장생활을 즐기면서 지낼 수도 있게 되었다.

우리나라의 인구는 약 5,180만 명이다. 공무원의 수는 112만 명이다. 우리나라 전체 인구의 약 1/50을 차지한다. 국민 50명 당 공무원 1명인 셈이기도 하다. 유럽 같은 복지국가와 비교하려는 것이 아니다. 공무원의 존재를 결코 가볍게 생각할 수 없다는 것이다. 공무원이 자긍심을 가지고 일할 수 있을 때, 그들이 스스로 자신의 인생관과 직업관을 바로 세울 수 있을 때, 진정한 대민봉사에도 탄력이 붙을 것이다. 모든 일에는 동기 부여가 필요하다. 그렇다면 지금 공직의 현실은 어떨까?

공무원 입직 후 3년을 채우지 못하는 이들의 숫자가 늘고 있다. 퇴사에 그치지 않고 극단적인 선택을 하는 공무원의 숫자 역시 매년 증가 추세다. 정부의 시선은 '적극행정이다, 시민과의 소통이다, 시민행복을 위한 정책 제안 공모다' 하며 오직 한 방향으로만 향해 있다. 그리고 그 목적을 위해 공무원들을 재촉하고 다그친다. 입직한 지 오래되고 공직 생활에 적응한 공무원들은 그런대로 이겨나갈 수 있을지도 모르겠다. 그러나 신참 9급 공채생들도 과연 그럴까? 그들의 형편도 잠시 헤아려줄 수 있는 좀 더 말랑말랑한 조직 문화는 불가능하기만 한 것일까?

공직 문화는 마흔다섯이라는 시간의 무게를 가진 나도 견디기 힘들었다. 포기하려고 했다. 그런데 20대, 30대 젊은 신규직이라면 어떨까? 당연히 더 힘들 것이다. 힘들어 의원면직했다는 공무원들의 소식을 들을 때마다, 화장실에서 혼자 흐느끼고 있는 그 시절의 내 뒷모습이 보였다. 내가 누군가의 도움으로 힘들었던 순간을 잘 넘길 수 있었듯이 이 책이 그들에게 아주 작은 힘이나마 될 수 있기를…. 더 나아가 그들의 멘토가 되고 싶은 것이 궁극적인 바람이다.

나는 혼자서 책을 쓰겠다고 감행하는 깜냥이 못 된다. 이렇게 글을 쓸 수 있도록 그릇을 키워주고 방법을 알려주신 〈한국책쓰기1인창업코칭협회(한책협)〉 김태광 대표에게 감사드린다. 그는 50년 가까이 우물 안에서 살아온 나의 의식을 밖으로 꺼내주었다. 할 수 없다는 생각은 하지도 못하게끔 긍정의 힘으로 무장시켜주었다.

　같은 부서의 민원실 동료들에게도 고마움을 전하고 싶다. 글 쓰는 동안 본의 아니게 직장에서 연가를 썼다. 그들은 왜 쉬는지 묻지도 않고 싫은 티 하나 없었다. 덕분에 맘 편하게 글을 쓸 수 있었다. 무엇보다 책 쓴답시고 집안 살림에 손 놓은 아내를 책망하지 않고 묵묵히 외조해준 가족과 남편에게 무한 사랑을 보낸다.

　이 책을 탈고하는 중에 아픈 소식을 전해 들었다. 우리 시의 30대 남자 공무원이 극단적인 선택을 했다는 것이었다. 정말로 안타까운 소식에 나는 공직을 준비하는 이들과 신임 공직자들의 멘토가 되겠다는 꿈이 더 명확해졌다. 이런 일이 더는 일어나지 않기를 간절히 바라며 삼가 고인의 명복을 빕니다.

2021년 7월 마흔다섯 살 9급 공채생 이경희

목차

제 3장 공무원은 아무도 위로해주지 않는다

제 4장 민원인을 내 팬으로 만들어라

제 5장 나는 행복한 공무원입니다

나는 행복한 공무원입니다

제 1장

나는 공무원이 되었습니다

1

나는 '어쩌다 어른'이었다

20대 후반, 음식점을 운영했다. 직원은 7~8명 정도 되었다. 가게는 늘 손님으로 붐볐다. 그러니 직원 관리를 소홀히 할 수 없었다. 그때도 지금과 마찬가지로 지역마다 생활정보지가 있었다. 지역의 소상공인들은 대부분 그 정보지에 구인광고를 내고 직원을 구했다. 그러나 우리 가게에서는 부산에 있는 소개소를 통해 직원을 구했다. 왜냐하면 그렇게 해서 채용하면 생활정보지에서 구한 직원보다 더 오래 일했기 때문이었다. 보통 2~3년, 혹은 그보다 더 장기간 근무했다. 그들에게는 숙식이 제공됐다. 그러다 보니 일하는 동안에는 한식구나 마찬가지였다.

어느 날 주방에서 오래 일하던 아주머니 한 분이 그만두게 되었다. 여느 때와 같이 소개소에 소개비를 보내고 직원 한 명을 보내달라고 했다. A라는 여자가 왔다. 그녀는 40대 후반이었다. A는 키가 크고 말랐다. 말이 없는 편이었다. 그녀는 담배를 좀 많이, 자주 폈다. 그녀는 가게에 온 후 성실하게 일을 배웠다.

가게에서는 한 달에 한 번, 초하루에 고사를 지냈다. 고사는 시어머니의 통제 아래 이루어졌다. 고사를 지내는 이유는 골목의 할매, 할배들에게 장사 잘되게 해달라고 비는 것이라 하셨다. A가 온 지 일주일쯤 지난 날이었다. 나는 돼지목살, 떡, 과일 등을 준비했다. 장사를 마치고 얼추 뒷정리가 끝나고 시어머니가 가게로 오셨다. 시어머니는 그날따라 술을 한잔하셨다며 기분이 좋아보였다. 절을 몇 번 하시고 시어머니의 기도(?)가 이어졌다. 한참을 알아들을 수 없는 소리로 중얼거리면서 기도를 하시던 중,

"네? 정말이에요?"
"그러면 사람 만들어주셔야지요."
"그래야 오래오래 또 일하지요."
"사람 만들어서 일 잘 하도록 할매, 할배가 도와주이소."

시어머니는 흡사 누군가와 대화를 하는 것 같았다. 시어머니께 여쭤보

았다. 기도하실 때 누구랑 말씀하신 거냐고. "골목 할배가 새로 온 A가 성치 않은 사람이라고 하시네." 하셨다. 시어머니는 신기(神氣)가 있는 분이셨다. 시어머니의 친정어머니께서 그 옛날 용한 무당이었다고 했다. 그러고 보니 시댁 안방 탁자 위에서 시어머니의 친정어머니 사진이 세워져 있는 것을 본 것 같았다.

그 후 며칠이 지났다. 아침에 출근해보니 A가 보이지 않았다. 가게 쪽 방에서 함께 지내던 다른 아주머니에게 물어보니 그 전날 저녁에 나가서 들어오지 않았다고 했다. 그녀에게 휴대폰으로 연락해도 신호음만 계속될 뿐이었다. 점심 장사를 하던 중에 전화가 울렸다. 'ㅇㅇ다방'이라고 했다. 어떤 여자가 와서는 돈도 없이 차를 마시려고 한다는 것이었다. 어디에 사냐고 물었더니 'ㅇㅇ식당'에 산다고 했단다. 나는 인상착의를 물어보고는 나중에 돈을 줄 테니 그녀에게 차를 주라고 했다. A였다. 잠시 후 그녀가 돌아왔다. 못 보던 슬리퍼를, 그것도 짝짝이로 신고 들어왔다. 하룻밤 사이에 몰골이 말이 아니었다.

그 일이 있은 후 그녀는 더 자주 사라졌다 돌아오기를 반복했다. 어느 때는 점심 장사 중에도 사라졌다. 점점 더 증세가 악화되었다. 그러던 어느 날 우리는 더 이상 그녀를 볼 수 없었다. 시어머니는 화가 많이 나셨다. 소개소에 전화를 하셔서 "어떻게 이럴 수가 있나? 성치 않은 사람을 보내놓고 누구 장사 말아먹으려고 작정했냐?"며 분통을 터트리셨다. 소개소 소장과 통화 중에 알게 된 사실은 이랬다.

A는 어려서부터 친아버지에게 몹쓸 짓을 당했다고 했다. 그게 오랫동안 지속되었던 모양이었다. 성인이 된 후 정신이 온전치 못했다. 정신과 치료를 받아도 증세가 호전되지 않았다. 그래서 친엄마의 손에 이끌려 어느 절에 들어갔다고 했다. 그 후에는 조금씩 호전되었고 나중에는 많이 좋아졌다고 했다. 그래서 '이제는 괜찮겠지.' 하고 소개소를 통해 우리 가게로 오게 된 것이었다.

사람들은 말한다. 제대로 된 어른이 되는 것은 쉬운 일이 아니라고. 공감한다. 쉰의 고개를 넘은 나도 아직 '어른'이 못 되었다. 그렇더라도 어른으로서 하지 말아야 최소한의 마지노선은 있다. 그것을 넘어서면 안 된다. 우리 모두는 그것을 알고 있다.
어른이 되면 결혼을 한다. 그리고 '엄마', '아빠'가 되면 자녀가 어른이 되기 전까지 어떻게 양육할지에 대한 몫까지 더해진다. 자신 외에 독립된 생명체를 책임지는 문제는 더 신중해지기 마련이다. 아버지인 사람, 어른의 역할이 얼마나 중요한지 우리 모두는 말하지 않아도 안다. 물리적 시간만 흐른다고 괜찮은 어른이 되는 것은 아닐 게다. 어른의 탈을 쓴 어른아이도 무수히 많다.

그렇다면 '어른'의 진짜 의미는 뭘까? '어른'은 '얼운'이 변한 것인데, '얼우다'는 남녀가 짝을 이루는 행위를 뜻한다. 즉 남녀가 결혼을 하면 서로 몸을 합하게 되고, 그 결과로 자식이 태어나는 것이다. 조상들은 자식을 낳는다는 데에 큰 의미를 부여했던 것 같다. 그 시대에는 대를 잇는 것을 목숨과도 같이 생각했을 것이다. 그래서 '얼운 사람'과 '그러지 않은 사람'을 구분했다고 한다.

결혼한 사람만 상투를 틀게 했다는 것도 같은 맥락으로 이해할 수 있다. 서동요에서 '선화 공주니믄 남 그스지 얼어 두고'라는 구절이 나오는데, 여기서 '얼어 두고'가 바로 그 뜻이다. 그러니까 원래 의미대로라면, 주민등록증이 있어도 어른이 아닐 수 있다는 것이다.

결혼을 하고 자식을 낳아야 '어른'이라는 것이다. 비슷한 말로 '성인'이란 말이 있으나, 이는 미혼자와 자녀를 둔 사람을 아울러 표현하는 말이기에 '어른'과는 미묘하게 다르다. 즉, '어른⊂성인'의 공식이 성립된다.

해석에 따라 달라지지만 보통 '어른'이라는 것은 세월이 흘러 어쩌다 되는 것이다. 사회 통념상 일정 나이가 되면 부여받는 지위이기도 하다. 그러다 보니 앞선 세대라고 해서 반드시 다음 세대에게 항상 존경과 선망의 대상이 되지는 못한다. 인터넷만 들어가면 정보는 넘쳐난다.

내가 아는 어떤 지인은 자신의 카톡 프로필에 '나이를 권리인 양 내세우지 마라. 노력 없이 얻어지는 게 나이다.'라고 적어놓았다. 단지 나이가 많다는 이유로 아랫사람에게 군림하려는 일부 어른들에게 따끔한 메시지를 전하고 싶었던 모양이다. 이렇게 준비 없이 어른이 되거나 어른스럽지 못한 어른이 많다 보니 tvN에서 〈어쩌다 어른〉이라는 TV 프로그램도 생겨났다. 더 나은 어른이 되기 위한 고민에서 나온 것일 게다. 이러한 문제는 일명 '꼰대' 중년들만의 일은 아닐 것이다.

'어른인 줄 몰랐는데 혼자 눈물을 닦다 보니 어른이 돼 있더라.'라는 구절은 Fatdoo의 노래 '어른이 된다는 건'의 가사이다. 어느 날 정신 차려보니 '어른'이 되어 있더라. 그러나 자신은 아직 세상이 두렵고 아픔에 무방비 상태라는 메시지를 담은 젊은 가수의 노래다.

누구나 스무 살이 넘으면 법적으로 어른이 된다. 어른의 이야기는 자기 스스로를 책임지는 '독립'에서 시작된다. 그리고 자신의 정체성을 찾는 것부터가 출발점이다. 인간관계, 사회와의 관계를 설정하고 그에 따라 직업이나 결혼 등을 결정한다. 고민과 선택의 연속이다. 자신의 결정에 책임져야 하므로 외로운 순간을 맞이할 수밖에 없다. 고백하건대, 어른이 되었는데도 늘 상처에 아프다. 이별은 늘 처음 같다. 두려움도 여전하다.

주말에 아들이 다녀갔다. 나는 20대 아들이 어렵다. 아들이 오는 날이면 난 마치 시어머니의 방문 소식을 들은 며느리 같다. '무슨 음식을 할까? 간식은 뭘로 챙겨 먹이지? 이불도 빨아야겠다.' 난 어쩔 줄 몰라 하며 부산스러워진다. 신랑은 그런 나를 보며 어이없어한다. 내가 봐도 그렇다. 왜 그럴까?

아들이 어렸을 때, 온전히 아들만 바라보는 시간을 전혀 갖지 못했다. 그렇게 해야 하는 것도 몰랐다. 늘 바빴다. 물론 그게 내 탓은 아니다. 아니 내 탓이다. 열심히 사느라 그랬다고 변명하고 싶을 뿐이다. 엄마로서의 역할에 대해 깊이 생각하지 못했다. 주변 환경이란 것은 내 의지로 얼마든지 바꿀 수 있었다. 왜냐하면 나는 어른이었으니까. 그러나 나는 그러지 못했다. 어른답지 못했다. 나는 너무나 미숙한 엄마였다. '어쩌다 어른'이었다.

'어떻게 살아야 진정한 어른인가?'에 대해서 말들이 많다. '어른은 어때야 한다.'에 정답은 없다. 그러나 모든 어른이 함께 고민하는 한 길은 있을 것이다. 나는 중년이 되어서야 비로소 깊은 고민에 빠졌다. 아니 삶의 과정마다 시간의 한 귀퉁이에서 고민의 밤은 있었을 것이다. 죽을 때까지 고민은 끝나지 않을 것이다. 오늘도 어둠과 밝음의 경계의 시간, 새벽 어스름에 나를 깊이 들여다본다. '제대로 어른'이 되고자 맑은 정신을 깨운다.

2

시련은 변형된 축복이다

입시 학원의 영어 강사로 일할 무렵이었다. 열정으로 시작한 벨리댄스
는 매너리즘으로 끝났다. 약 10년 가까이 했던 일에 구체적인 유종의 미
를 거두지 못했다. 오랫동안 좋아하는 일에 몰두하고 전문가가 되었을
때는 보통 그 분야에서 성공자가 될 거라고 기대한다. 그러지 못한 마무
리에 나는 좀 풀이 죽어 있었다.

새로운 일을 다시 시작해야 했다. 또 바닥부터다. 그렇게 들어간 영어
회화 학원에서는 1년을 하고 나왔다. 1년 후 급료를 올려주겠다던 원장이
약속을 지키지 않았기 때문이었다. 그리고 들어간 곳이 입시 학원이었
다. 원장과 강사, 모두 좋은 사람들이었다. 이전 학원에서는 초등학생을

가르쳤다. 그런데 새로운 곳에서는 중 · 고등학생을 상대해야 했다. 그들은 초등학생과 기운부터가 달랐다. 도발적이고 거친 고등학생들의 행동은 내게 버거웠다.

처음에는 동료 남자 강사들이 커버해주었다. 그렇다고 매번 도움을 받을 수는 없었다. 빨리 적응해야 했다. 나도 조금씩 거칠어지고 강해졌다. 덩치가 있는 남학생들을 다루기 위해 피할 수 없는 행보였다. 시험 기간에는 학생, 강사 모두 예민해졌다. 주말에도 수업을 했다. 강행군이었지만 학생들의 성적이 오르면 그것으로 보상이 되었다. 그렇게 하루 이틀 지내다 보니 아이들과 조금씩 가까워졌다. 강사들과도 잘 지냈다. 정말이지 가족처럼 보냈던 학원이었다. 그러기를 약 1년 반이 흘렀다.

어느 날 평소에 편하게 지내던 수학강사가 얘기 좀 하자며 나를 불렀다.

"선생님, 저번 달 월급 받았어요?
"당연히 받았죠."

나는 '무슨 그런 질문을 하느냐?'라는 눈빛으로 대답했다.

"저는 2/3만 받았어요."

"그럼, 나머지는요?"

"다음 달 월급과 함께 준다고 하시네요."

"헐!"

나는 잠시 좀 놀랐지만 금방 대수롭지 않게 여겼다. 원장님께 무슨 사정이 있겠지 했다. 수학 강사는 나보다 근무한 지 오래됐다. 원장님은 평소 다른 강사들보다 그를 더 격의 없이 대하셨다. 그래서 원장님이 그에게 잠시 신세 좀 지는 것이리라 생각했다.

그런데 그게 한 번이 아니었다. 심지어는 그 강사뿐만이 아니었다. 다른 더 오래된 강사들도 같은 일이 있었다는 것을 나중에 알게 됐다. 월급을 쪼금씩 주다가 그마저도 끊긴 것이었다. 그들은 원장님을 믿고 기다려주었다고 했다.

한 달이 두 달이 되었다. 그러기를 6개월 정도 이어졌을 때 국어 강사가 그만두었다. 그는 고등학교에서 명예퇴직한 분이었다. 성품이 반듯하고 강직했다. 학원의 기둥 같은 존재였다. 그는 내가 처음에 이 학원에 와서 힘들어할 때 보이지 않게 많이 도와주었다. 학생들이 수업시간에 버릇없이 굴면 혼내주고 나를 지지해주었던 사람이었다. 아이들은 그를 무서워하면서도 잘 따랐던 보기 드문 인품의 소유자였다. 나도 그 강사를 존경하고 의지했다. 나뿐만 아니었다. 다른 강사들도 그런 그를 좋아하고 따랐다.

그는 시쳇말로 '기러기 아빠'였다. 외국에 있는 아이와 아내에게 매월 돈을 보내야 하는 상황이었다. 그러니 아무도 더는 그를 말리지 못했을 것이다. 학원은 예전의 분위기가 아니었다. 결국 나도 원장님과 면담 후에 그만두기로 결정했다. 원장님은 학원을 재개하면 꼭 다시 함께 일하자며 면담을 끝내셨다. 무슨 사정인지는 몰라도 경제적으로 많이 힘들어서 학원을 더 이상 경영할 수 없게 된 것이었다.

나는 아들을 위한다는 명분으로 개인 사업을 그만두었다. 물론 다른 여러 요인도 있었다. 아들과 시간을 함께하고 싶었다. 그래서 영어 강사를 했고 나름대로 만족하고 안정된 생활을 했는데 그것도 그렇게 끝이 났다.

물론 다른 학원으로 가면 그만이었다. 그런데 그다음에 옮긴 학원에서는 적응하지 못하고 금방 그만두었다. 이전 학원과 너무 달랐다. 직원끼리나 학생과 강사 사이의 유대 관계나 교류는 별로 없었다. 성적만 중요시 여기는 분위기였다. 학원에서 성적은 두말할 필요 없는 고객(학생과 학부모)의 니즈다. 당연한 사실이고 강사라면 누구나 알고 있다. 그런데 오로지 그것만 추구하는 분위기는 견디기 힘들었다.

그 후로도 다른 학원을 기웃거려보았지만 생각만큼 일이 잘 풀리지 않았다. 나는 점점 지쳐갔다. 무일푼으로 벨리댄스 지부를 시작할 때도 이렇게 힘들지 않았다. 누군가의 밑에서 직장생활을 한다는 것은 당연히 사업보다 편할 거라 생각했다. 규칙적인 생활을 하며 시간적 여유를 누릴 수 있을 것 같았다. 그런데 복병은 생각했던 것보다 많았다. '나이가 더 들어서도 할 수 있는 일인가?'도 생각해야 했다. 학원 강사 생활은 그렇게 끝났다.

어쨌든 나는 4년 정도의 학원 강사 생활에 마침표를 찍었다. 더 이상의 비전이 없다고 결론을 내렸다. 그리고 고민 끝에 내가 선택한 것은 정년이 보장된다는 공무원이었다. 젊은 청년들도 합격하기 힘들다는 그것! 나는 또 다시 도전해야 했다.

내게 닥친 시련이 누군가에게는 작아 보일지도 모른다. 그러나 그 당시 가족의 생계를 오롯이 책임져야 했던 내게는 집채만 한 바위만큼이나 무겁고 컸다. 하지만 그 시기가 없었다면 공무원으로의 도전은 없었을 것이다. 그러니 시련은 내게 기회였던 셈이다.

"우리에게 닥치는 모든 문제는 하나님이 임명하신 교관이다."

– 찰스 스윈들

세상을 살다 보면 항상 좋은 일만 있는 것은 아니다. 365일 내내 행복한 일만 있으면 좋겠지만 우리 인생은 항상 굴곡이 있다. 이런 인생을 살면서 긍정의 파워가 없다면 나는 실패에 대한 생각으로 가득 차 우울증에 걸리지 않았을까? 걱정, 두려움 등 부정적인 생각들에 파묻혀 있다가 그냥저냥 사는, 살아 있으니까 꾸역꾸역 살아갈 수밖에 없는 인생을 살고 있었을 것이다.

"기회는 때로는 시련의 옷을 입고 온다."라고 했는데, 나는 그것도 모른 채 흘려버렸을 것이다. '나한테 왜 이런 일이 생기지?', '정말 나는 운이 없어.' 푸념만 하면서 살았을 것이다. 부모 탓, 남 탓만 하며 살았을 것 같다. 내 인생에 주인이 되지 못하고 패배자 같은 기분으로 살아갔을 것이다.

펄펄 끓는 물이 담긴 냄비에 각각 당근, 달걀, 커피를 넣는다고 상상해 보자. 얼마간의 시간이 지난 후, 세 가지의 재료들은 어떻게 되었을까? 당근은 익어서 물컹해졌을 것이다. 달걀은 삶아져서 액체에서 탱탱하고 뽀얀 고체로 변했을 것이다. 커피는 그윽한 향을 내며 사람들의 입을 즐겁게 했을 것이다.

처음에 단단하고 강했던 당근은 끓는 물에 오히려 물렁해졌다. 평소에 씩씩하고 용감한 척하며 큰소리쳤지만 역경에 쉽게 무너지는 사람이다.

깨지기 쉬운 날달걀은 끓는 물을 만나서 오히려 단단해졌다. 역경에 더욱 강해지는 사람이다.

그리고 커피는 어떤가? 원래의 성질과 다르게 변한 데에다 그윽한 향기와 구수함까지 더해졌다. 원래의 모습을 잃는 듯 보이지만 사실은 훌륭하게 변신했다. 거기다 좋은 향기까지 더하며 자신의 매력을 한껏 뽐내게 된다.

시련이 곧 엄청난 고통이 되어 무너져버리는 사람이 있다. 그 사람에게는 시련은 그 자체로 절망이다. 그러나 시련이 와도 그것을 우직하게 견뎌내어 강해지는 사람이 있다. 그에게 시련은 고난이지만 더 단단해지는 계기가 된다. 마지막으로 시련이 왔을 때 오히려 그것을 멋지게 활용하는 사람이 있다. 그는 역경을 기회로 삼아 이전에는 볼 수 없던 자신의 장점을 꽃피워 더욱 빛나는 삶을 이룬다. 이런 사람들은 시련을 자기 혁신의 발판으로 삼는다. 즉, 그 사람에게 시련은 축복이 된 셈이다.

3

식당 아줌마가 댄서로, 도전은 내 전공이었다

아침부터 분주하다. 아기 포대기는 어디 뒀지? 분유통에, 기저귀에 준비할 것도 많다. 준비물이 하나라도 눈에 안 띄면 애가 탄다. 어제도 손님이 많아 10시 반쯤에 식당 문을 닫았다. 뒷정리를 다 하고 12시가 다 되어 퇴근했다. 아기를 재우고 씻고 하니 1시가 훌쩍 넘었다. 새벽 2시가 다 되어 잠자리에 들었다. 한겨울이었다. 내겐 차가 없었다. 오토바이를 타고 출근해야 했다. 그래서 어른들 말씀대로 '중무장'을 해야 한다. 거기다 아기까지 업고 가야 하니 준비물이 이만저만 많은 게 아니었다.

아기를 가지기 전부터 나는 음식점을 운영했다. 엄밀히 말하면 식당에서 일을 하는 것이었다. 만삭 때도, 아기를 포대기에 매고 업고 다닐 때도 잘 몰랐다. 그런데 아이가 유치원 다닐 때 즈음부터였던 것 같다. 삶이 무겁다는 생각이 들었다. 새벽에 잠이 들면 '이대로 아침이 오지 않았으면…' 하는 날들이 잦아졌다. 그냥 만사가 싫고 귀찮았다. 땅속에 물이 스며들 듯 그렇게 이 세상에서 사라지고 싶었다. 내 나이 서른이었다.

꽃잎이 휘날리던 따뜻한 봄날이었다. 홀에서 일하는 이모가 내게 말을 걸어왔다.

"준아, 아까 나가보니까 벚꽃이 활짝 폈더라. 무지 예쁜데. 구경 가봐라."
"꽃이 뭐가 예뻐요! 관심 없어요."
"꽃이 안 예쁘나?"
"잘 모르겠어요. 뭐가 예쁜 건지, 안 예쁜 건 또 뭔지."

대학교 졸업과 동시에 도피하듯 결혼을 했다. 곧바로 아기도 가졌다. 뭣도 모르는 나이에 결혼하고 아기까지…. 산후에 친정엄마가 10일 정도 다녀가셨다. 엄마가 댁으로 가시자마자 시어머니의 호출이 왔다. 가게가 바쁘니 나오라는 것이었다. 사랑스러운 아기를 바라보며 예뻐해줄 시간은 허락되지 않았다.

음식점은 시내에서 꽤 유명했다. 늘 손님이 많았다. 가게의 실세는 시어머니였다. 장사로 평생 잔뼈가 굵으신 분이었다. 식당의 A부터 Z까지 시어머니의 손길이 미치지 않은 것이 없었다. 홀에 셋, 주방에 넷, 종업원만 일곱 명이었다. 결혼과 동시에 음식점 운영을 맡게 되었다. 말이 운영이지 다른 종업원의 월급을 주는 바지사장이자 알파 종업원이었다.

재료비와 종업원 월급을 제외한 순수입은 남편이 가져갔다. 매달 시어머니께 300만 원을 입금해야 했다. 경제적 상황이 어떻게 돌아가는지 나는 몰랐다. 남편과 시어머니는 내가 알려고 하는 것을 꺼리는 눈치였다. 그리고 나도 알고 싶지도 않았다. 그냥 귀찮았다. 아니 세상 물정을 몰랐던 바보 중의 바보였다. 부모님과 어려서부터 대학교 졸업 때까지 떨어져 살았다. 그래서 나는 다른 친구들보다 현실감이 떨어졌다.

내게 권리란 건 없었다. 해야 할 일들만 있을 뿐이었다. 타고 다녔던, 유일하게 내 것 같았던 오토바이마저도 남편 명의였다. 나는 그냥 무보수로 돈 벌어다 주고 집안 살림까지 하는 식당 아줌마일 뿐이었다. 만나는 친구도 없었다. 아니 시장 보러 가는 것 외에는 혼자 외출이 자유롭지 않았다.

산후조리를 충분히 못 하고 아침부터 밤까지 일만 해서 그런지 이십 대 후반인데도 불구하고 온몸의 관절이 아프거나 부었다. 한창 바쁜 점심시간이 끝나면 저녁 준비하기 전까지는 조용하다. 보통 그 시간에 홀, 주방 이모들은 낮잠을 자기도 하고 볼일을 보기도 한다. 나는 한방병원에 가서 침을 맞고 카이로프라틱 마사지를 받았다. 그래야 오후를 버틸 수 있었다. 삼십 대 초반에 늘 가던 한방병원 원장은 내게 놀리듯(?) 의미심장한 말을 했다. '외모는 20대, 몸은 50대'라고. 또 그렇게 뚜껑을 꽉 닫고 혼자 속으로만 끓이다가 머지않아 압력밥솥처럼 터질 수 있다고도. 나는 그때 예감했다. 이제 그만 벗어나야 한다는 걸.

10년을 식당에서 일했다. 30대 초반의 내게 남은 건 쑤시고 아픈 몸과 시퍼런 영혼뿐이었다. 그리고 그 시간을 가능케 한 아들과.

변화가 필요했다. 아니 더는 그렇게 살 수 없었다. 산처럼 크고 두려운 시어머니에게 반기를 들기 시작했다. 결혼한 지 10년 만이었다. 그런데 웬걸. 그 후로 시어머니가 내 눈치를 보기 시작했다. 10년 동안 묵묵히 참고 살아낸 것이 헛짓은 아니었을까? 그것만으로도 큰 변화였지만 기쁘지 않았다.

어느 날, MBC 〈아침마당〉이란 프로그램을 통해 '벨리댄스'를 접하게 되었다. 그것은 내겐 너무 매력적으로 다가왔다. 그 길로 백화점 문화센터에 가서 회원 등록을 했다. 내가 살던 도시에는 그런 강좌가 없었다.

집에서 차로 한 시간 거리인 다른 도시로 가야 했다. 가족이 반대해 몰래 다닐 수밖에 없었다. 회원으로 배우면서 강사 과정이 있는 것을 알게 되었다. 화려한 의상을 입고 무대에서 공연하는 강사들이 그렇게 찬란하게 보일 수가 없었다. 강사반 등록을 했다. 그 당시에 등록비가 꽤 비쌌다. 가족 몰래 돈을 마련하기는 어려웠다. 그러나 어떻게든 해야 했다. 소망이 갈망이 되면 불가능할 것 같은 일도 가능해졌다.

강사라고는 하지만 협회의 지부장은 제자들에게 수업을 할 기회를 주지 않았다. 오직 축제의 공연을 위한 공연 단원의 역할만 허락했다. 공연을 한 번 할 때마다 무수히 많은 시간과 노력을 투자해 연습했다. 또한 공연 의상과 무대 화장을 위한 화장품을 구입하는 데 비용이 들었다. 그러나 초기에는 대가도 없이 공연했다. 강사들 사이에서 불만이 조금씩 쌓였다. 그러다 점차 단원들이 많아지면서 경력이 오래된 강사들은 자기 목소리를 내기 시작했다.

나도 내가 사는 도시의 지부장이 되고 싶었다. 그래서 먼저 소속되어 있던 지부를 탈퇴했다. 그러나 의욕만으로 되는 일은 없다. 막상 시작하려고 보니 만만한 게 하나도 없었다. 지부를 개설하는 비용부터 지부가 들어설 학원도 필요했다. 지부 개설을 위한 로열티는 어찌어찌 해결했다. 그러나 공연 연습을 하고 강사나 회원들에게 강의할 공간인 학원이 없으면 실체 없는 지부가 된다. 당시 내 수중에는 단돈 50만 원뿐이었다. 현실적으로 답이 없는 상황이었다.

그렇다고 넋을 놓고 있을 수 없었다. 그 와중에도 새로운 지역에서 강의 장소를 물색하고 새로 강의할 회원들을 모집했다. 그리고 강의할 만한 곳인 피트니스 센터, 대학교 등을 방문해 직접 담당자와 강좌 개설에 대한 의견을 나누기도 했다. 강의 요청은 조금씩 늘었다. 수업을 마치고 회원들과 얘기를 나누다가 절박한 내 상황을 토로하기도 했다. 자신의 일처럼 걱정해주는 회원이 있어 힘을 얻곤 했다.

상황이 좋지 않았던 그때, 지부장이 되어야겠다는 마음은 태풍과도 같았다. 그러나 주변 여건이 여의치 않으니 발만 동동 굴렀다. 매일 새벽에 일어나 세수를 하고 해가 뜨는 동쪽을 향해 108배를 하면서 바라고 또 바랐다. 내가 할 수 있는 게 없었지만 그렇게라도 해야 했다.

어느 날 회원 중에 강사가 되겠다는 사람이 나타났다. 강사가 되려면 선불로 300만 원을 내야 했다. 그 비용은 강사 자격증, 공연 단원이 되는 데 대한 지원이 포함된 가격이었다. 또한 월세가 저렴한 학원 자리를 소개해주겠다는 회원도 나타났다. 내 간절함이 우주에 닿았던 걸까? 드디어 나는 벨리댄스 지부를 위한 둥지를 틀었다.

내가 원하던 일을 해서일까? 나는 물불 안 가리고 정말 열심히 뛰어다녔다. 명함을 들고 다니며 이벤트 회사마다 찾아가 지부를 홍보했다. 대학교에도 찾아갔다. 매년 열리는 학교 축제의 공연을 약속받기 위해서였다. 외부 강좌를 넓혀나가기 위해서도 관공서며 학교 등을 방문했다. 공연 작품을 받기 위해 실제로 서울, 대전, 부산, 대구를 수시로 찍었다. 워크숍을 가서 작품을 따라 연습하고 익혀와야 강사를 양성할 수 있었다.

기회가 올 때마다 공연도 열심히 했다. 서울에서 MBC 생방송 〈월드컵 토고와의 예선전 광화문 응원〉 공연, KBS 여의도 공개홀에서의 〈2006 연말특집 전국노래자랑 왕중왕전〉 오픈 공연 등과 수많은 지방 공연을 했다. 워크숍과 세계 대회를 위해 이집트, 미국을 방문하기도 했다. 비로소 나는 내가 되었다. 온몸의 세포가 살아 움직이는 내 일을 할 수 있었다.

"끝까지 해보기 전까지는 늘 불가능해 보입니다."

– 넬슨 만델라

시작을 하는 단계에서는 항상 불가능해 보인다는 이 말이 오히려 내게는 위안이 되었다. 도전을 한다는 것은 두려움이 앞서기도 하지만 설레는 일이기도 한다. 접하지 못했던 환경에 처하는 것이다. 낯선 것에 적응한다는 것은 늘 번거롭고 어렵다. 그래서 사람들은 새로운 것에 도전하는 것을 망설이게 된다. 그러나 자신이 진정으로 바라는 것이라면 당차게 도전해보는 것은 어떨까? 용기를 내보면 어떨까?

나 자신을 낯선 환경으로 계속 던지는 것은 나를 성장시키는 지름길이라고 한다. 도전의 결과로 성공할 수도 실패할 수도 있다. 그러나 결과보다 더 중요하고 확실한 것은 지금보다는 나아진다는 것이다. 간절히 원하는 것이 있다면 지금 당장 작은 것부터 시작하자. 시도하지 않는 곳에 성공이 있었던 예는 없으니까.

4

나는 왜 마흔에 공무원을 택했는가!

'공무원' 하면 어떤 생각이 먼저 떠오를까? '안정적인 직업이다, 철밥통
이다, 저녁이 있는 삶이다, 공무원연금으로 노후가 안정적이다.'라는 생
각을 할 것이다. 물론 다른 의견도 있을 수 있다.

누구나 읍면동 행정복지센터를 방문해보았을 것이다. 그때 사무실 전
경을 훑어본 적이 있는가? 보통은 제일 앞줄의 민원실에는 일반 민원인
들이 몰려서 서류를 발급받는다. 그 뒷줄은 어떤가? 대부분 그냥 앉아
있다. 컴퓨터만 들여다보고 있다. 뭘 하고 있는지 알 수가 없다. 그냥 놀
고 있는 것처럼 보이기도 한다. 간혹 업무적인 통화를 하는 공무원도 있
다. 핸드폰을 보는 직원도 있다. 동료 직원과 담소를 나누는 직원도 있

다. 한가롭고 평화로워 보이지 않았는가? 일반 사람들이 그들을 바라보는 시각은 이 정도일 것이다. 공무원이 되기 전에 나도 그랬다.

과거 개인 사업을 하던 나는 때때로 그들이 부러웠다. 나는 온몸으로 뛰어야 하는 일을 해왔다. 음식점을 할 때도, 벨리댄스 지부를 이끌어갈 때도 그랬다. 하나부터 열까지 직접 다 움직여야 하는 일이었다. 모든 과정이 내 머릿속을 거쳐야 했다. 물론 좋아서 한 일이었다. 성취감도 있었다. 열정도 넘쳤다. 그리고 스스로 일에 대한 스케줄을 컨트롤할 수도 있어 좋았다. 그러나 이따금 피로감을 느꼈다. 혼자서 모든 일을 결정한다는 것은 어깨를 짓누르는 일이다. 일을 시작하고 끝낼 때까지 긴장을 놓을 수 없다. 결과에 대한 책임도 오롯이 혼자의 몫이다. 고독한 일이다.

그런데 '능동적'이 아닌 '수동적'인 것이란 얼마나 안락한가? 적당한 게으름과 나태가 허락될 것 같았다. 얼마나 달콤한가! 나는 스스로 힘겹게 이루어내야 하는 삶을 살아왔다. 그러나 한 번도 조직에서 일해본 경험이 없다. 그러니 조직 생활이 어떤 건지 몰랐다.

시키는 일만 하고 결정해야 할 일이 없는 것이 조직 생활이라 생각했다. 어리석은 생각이었지만 그 시기의 내게는 에덴동산의 무화과 열매로 보였다. 그래서 '공무원'이라는 직업에 대해 관심을 늘 갖고 있었던 것 같다.

벨리댄서는 화려한 직업이다. 늘 반짝거리는 의상과 여성성을 극대화한 동작들이 일반인들의 눈에는 거북할 수도 있었다. 수업을 할 때나 작품을 익힐 때는 현대무용이나 요가처럼 동작 하나하나를 쪼개서 하기 때문에 그렇지 않지만 공연으로 재연되면 얘기는 달라진다.

동네에서 아들 또래 엄마들의 시선도 곱지 않았다. 내게는 직업이었고 사업이었지만 그들의 눈에 나는 '춤추는 여자' 그 이상도 그 이하도 아니었다. 내가 풍기는 이미지도 한몫했을 것이다. 직업은 때론 그 사람의 이미지 전부가 되기도 한다. 나는 일반적인 아이의 엄마 모습은 아니었을 것이다. 그러다 보니 크고 작은 구설수가 생겼다.

그러나 나는 아들이 그런 것에 전혀 상관하지 않는 줄 알았다.

"엄마도 다른 아줌마들처럼 그랬으면 좋겠어."
"'다른 아줌마들처럼'이 어떤 건데?"
"있잖아. 그냥 보통 아줌마, ○○이 엄마 같은."

두 달간 아들과 필리핀에 어학연수를 간 적이 있었다. 수업을 마치고 어학원 식당에서 저녁을 먹고 돌아오는 길에 아들이 건넨 말이다. 어학원에 비슷한 시기에 아이들과 연수 온 엄마들이 몇 있었다. 그들 중 한

분을 염두에 둔 말 같았다. 나보다 나이는 적은데 체형도 마음도 넉넉한 분이 있었다. 아들은 그 아줌마와 그녀의 아이들 모습을 보고 부러웠던 모양이었다.

아들이 원하는 건 특별한 게 아니었다. 나는 매일 바빠 일상을 함께하지 못하는 엄마였다. 아이가 집에 오면 반겨줄 사람이 아무도 없었다. 배가 고파도 간식을 챙겨줄 사람도 없었다. 학교에서 상장을 받아도 자랑할 대상도 칭찬해줄 엄마도 없었다. 밖에서 놀다가 옷이 더러워져 들어가도 잔소리하는 사람도 없었다. 놀다가 다쳐도 약 발라주는 사람도 없었다. 소소한 일상을 함께할 수 있는 엄마가 갖고 싶었을 것이다.

그렇다고 하루아침에 살을 찌우기도, 내 열정을 내려놓을 수도 없었다. 더군다나 집에 들어앉아 살림만 할 처지가 못 되었다. 그러나 남들처럼 아침에 출근하고 저녁에 퇴근하는 직장인 코스프레(コスプレ)는 할 수는 있겠다 싶었다.

규칙적으로 출근하고 일찍 귀가해서 아들을 반길 수 있는 일을 찾기로 했다. 그러다 보면 아들이 원하는 엄마의 대열에 낄 수 있을 것 같았다.

결정적으로 공무원이 되기로 결심할 수 있었던 또 다른 계기가 있었다. 2012년 입시학원에서 영어 강사를 할 때였다. 동료 강사에게 우연히 '공무원 시험 연령 제한 폐지' 소식을 들었다. 그는 7급 공무원 시험을 2년 넘게 준비했었다고 했다. 매번 실패하자 차선책으로 수학 강사를 하게 되었다고 했다. 사실 그전에 막연하게 읍사무소에 갈 때마다 '공무원은 참 편하고 좋겠다.'라는 생각을 하긴 했다. 그렇다고 공무원이 되겠다는 생각은 해본 적이 없었다. 되고 싶다는 생각이 들었을 때는 나이가 발목을 잡았었다. 그러니 그 소식에 귀가 솔깃할 수밖에 없었다.

공무원 공개경쟁 채용시험에서 '응시연령상한제'가 있었다. 그런데 2009년에 공무원 나이 제한이 없어진 것이었다. "공무원을 선발할 때 불합리한 나이 차별을 하지 말라"는 국가인권위원회의 지적을 국가가 받아들인 것이었다.

그 이전까지는 9급 공채는 32세, 외무고시는 29세, 7급 공채는 35세까지만 응시가 가능했다. 경찰·소방공무원의 경우는 경찰청에서 "업무의 특성상 활동이 왕성한 연령대가 필요하다." "일본과 프랑스 등도 경찰 채용 때 연령을 제한한다."라고 주장했다. 그래서 아직까지 40세까지로 연령을 제한하고 있다.

실제로 공무원 시험은 여러 가지 매력이 있다.

첫째, 특별한 스펙을 요구하지 않는다. 즉, 학력, 경력, 성별, 나이에 제한이 없다. 누구에게나 기회가 활짝 열려 있다.

둘째, 채용 절차가 공정하다. 동등한 상황에서 누가 열심히, 혹은 현명하게 공부했느냐에 따라 1차 합격 여부가 결정된다. 면접도 블라인드로 진행된다. 우리나라는 오래전부터 학연, 지연을 중요하게 여겼다. 그런데 그 사람의 배경을 보지 않고 면접을 본다는 것이다. 제대로 정착된다면 쌍수 들고 환영할 만한 것이다. 소위 인맥 없는 사람들에게는 더욱더 그렇다.

셋째, 안정적인 생활이 가능하다. 정년까지 급여가 밀리지 않아 마음 편히 근무할 수 있다. 넷째, 매년 증가하는 채용 인원이다. 사회복지는 매년 다방면에서 증가한다. 공무원에 대한 수요는 당분간 증가 추세이다.

다섯째, 다양한 복리후생 제도를 들 수 있다. 예를 들면 복지 포인트 지급, 육아휴직 제도, 유연 근무제 등을 꼽을 수 있다. 요즘은 남자들도 당당하게 육아휴직을 신청한다. 육아휴직이라고 하면 아기를 가진 후 신청하는 것이 일반적이었다. 그러나 요즘은 불임의 부부 공무원이 아기를 갖기 위해 육아휴직을 내기도 한다. 부부가 함께 말이다. 신혼부부에게는 최고의 직업이다.

그 외에도 나는 공무원연금에 대한 환상이 있었다. 아니 공무원이 아니더라도 꼬박꼬박 나오는 연금이 있다면 무엇이든 좋았다. 그러면 노후에 아들에게 부담을 주지 않는 부모가 될 수 있을 것 같았다. 아들이 결혼을 하고 가정을 꾸렸을 때, 조금이라도 짐을 들어주는 부모이기를 원했다. 경제적인 도움은 못 주더라도 부담은 되지 않아야 했다.

공무원을 하겠다고 선언했을 때, 가족들은 늘 그렇듯 또 무슨 일을 벌이는 거냐며 말렸다. 합격하기도 힘들뿐더러 된다고 해도 그 나이에 조직 생활을 시작하는 것은 아니라고 생각했다. 앞서 말했지만 나는 소상공인의 경험이 전부였다. 조직이라고 해봤자 학원 강사 경험뿐이었다. 그것은 조직이라고 하기에는 무리가 있었다. 강사들은 각자 자신이 맡은 과목에서 학생들의 성적만 잘 끌어올려주면 된다. 어찌 보면 한 명 한 명이 독립된 객체라고 보면 된다. 서열도 복종도 없다. 나는 가족의 우려를 대수롭지 않게 생각했다. '내가 못 할 게 뭐야?', '남들도 하는 걸 나라고 못 할까?'

모든 일은 처음이 있다. 그러나 오랜 시간 해오던 익숙한 일을 접어야 한다. 누구나 언제나 새로운 분야에서 일을 시작하는 것은 쉽지 않다. 그 시작이 중년일 때는 더욱더 그렇다.

그러나 다른 일로 많은 경험을 쌓아 단련된 초심자다. 처음에는 엉성한 모습을 드러내 우습게 보일지 모른다. 그러나 오랜 시간 누적된 풍부한 경험이 있다. 준비된 자다. 준비된 사람은 기회와 행운을 알아본다. 남보다 빨리 잡을 수 있다. 그것은 예정된 행운이다. 그리고 금세 특별한 사람이 된다. 나는 나를 믿는다. 그리고 도전할 준비가 항상 되어 있다. 내가 원하는 것이 있다면 타인의 의견은 중요하지 않다. 내 의지와 생각이 중요할 뿐이다. 나는 그렇게 공무원의 세계로 향했다.

5

이 나이에 늦었다고 말하는 당신에게

전 세계 모든 나라가 태어난 지 1년이 지나야 '1세'가 되는 '만 나이'를 쓰고 있다. 우리나라는 터키와 함께 '만 나이'를 쓰지 않는 나라다. 나이로 서열을 가르는 문화 때문이란 주장이 있다. 같은 나이여도 '빠른 이냐? 아니냐?'를 놓고 언쟁을 벌이기도 한다. 즉 다른 나라에 비해서 상대적으로 나이에 매우 민감한 모습을 보인다.

그래서 '나이는 어디로 먹었냐?', '네 나이가 몇 살인데?', '내가 네 나이였으면.' 등등 유독 나이에 관한 말들이 많다. 실제 젊은 세대 사이에서는 25살을 '반 오십'이라고 부르며, '꺾였다'라고 표현한다고 한다. 실제 25살이면 매우 젊은 나이다. 그럼에도 불구하고, 가능성을 제한하고 깎아

내리는 표현을 쓴다는 게 매우 안타깝다. 25살이 이런데 중년인 사오십 대는 오죽하겠는가?

나는 30대에 '벨리댄스'를 취미로 시작했다. 사람들은 좋아하는 이성을 처음 만났을 때 '첫눈에 반한다'라고 한다. 그것을 처음 접했을 때 내가 그랬다. 〈아침마당〉이라는 TV 프로그램에 벨리댄서가 나왔다. 그녀가 화려한 의상을 입고 기본동작을 보여주었다. 그 순간 나는 '유레카'를 외쳤다.

좋아하는 일을 하면 저절로 몰입하게 되고 열정이 솟아난다. 결국 취미로 시작한 일이 공연 단원이 되고 지부를 맡는 자리에까지 오르게 되었다. 그 일을 하면서 번 돈은 거의 다 재투자를 했다. 할 수 있는 한 모든 것을 배우려 했다. 국내, 국외를 가리지 않았다. 주말마다 워크숍을 다니거나 공연을 했다. 외국에도 한 달씩 나가서 연수를 받거나 대회 출전을 했다.

그렇게 7~8년간 하고 싶은 것을 다했다고 느낄 즈음 매너리즘에 빠졌다. 그리고 그제야 주변을 돌아보게 되었다. 마흔이 코앞인 현실이 보였다. 우리는 사회가 만들어놓은 역할에서 자유로울 수 없다. 나이별로 어때야 한다는 명제도 있다. 나도 그런 사실을 무시할 수 없었다. 왜냐하면 아들이 장성하였고 그 아이가 늘 나를 지켜보고 있었기 때문이다. 그리고 그의 미래에 최소한 자양분이 되는 부모여야 한다는 생각이 들었다.

그렇게 서서히 벨리댄스를 마음속에서 정리하면서 동시에 무엇을 할지 고민하기 시작했다. 대학교에서 전공했던 영어영문을 살려보자 생각했다. 그래서 며칠 동안 알아보던 중 'ㅇㅇㅇㅇㅇ대학교'에서 '영어 전문강사'를 모집한다는 것을 알게 되었다. 국가에서 지원을 받고 하는 사업의 일환인 것 같았다. 정식 명칭이 〈청년영어전문강사〉였다. 일반적인 시각으로 봤을 때, 나는 그 '청년'에 해당되지 않을지도 모른다. 그러나 나는 내가 '해당 사항 없음'에 해당될 거라는 생각은 해본 적이 없다.

그렇게 지원을 하고 면접을 봤다. 면접관은 외국인 두 명에 한국인 한 명이었다. 그다지 어렵지 않은 간단한(?) 영어 면접이었다. 합격 후 약 보름간의 연수가 있었다. 본격적으로 강사로 활동하기 전의 교육이었다. 조별로 나눠 합숙하며 교육을 받았다. 교육생 대부분이 20, 30대였다. 거기서 나는 최고령자였다.

"어느 날, 아침에 눈을 떠보니 이제 당신이 원했던 것들을 할 시간이 없다는 것을 깨닫는 순간이 올 것입니다. 그러니 지금 시작하세요."
— 파울로 코엘료, 『승자는 혼자다』 중에서

세계적인 웨딩드레스 브랜드 디자이너 '베라 왕'은 나이 마흔이 넘어서야 디자이너로 활동했다. 그녀는 머라이어 캐리, 제니퍼 가너, 제니퍼 로페즈, 빅토리아 베컴, 샤론 스톤 등의 웨딩드레스를 제작했다. 디자이너를 하기 전에 그녀는 피겨 스케이팅 선수와 패션 잡지의 에디터로 일했다. 실제 베라 왕은 늦은 나이에 결혼을 했다. 결혼을 준비하면서 자신이 원하는 드레스를 찾아다녔다. 그러나 명품 브랜드를 돌아다녀도 자신의 취향을 찾을 수 없었다. 그래서 직접 자신의 웨딩드레스를 디자인하게 되었다고 한다. 그 이후 그녀는 웨딩드레스에 심취해 자신의 브랜드를 론칭했다. 그리고 그녀의 웨딩드레스는 유명 스타들에게 사랑받으며 세계적인 브랜드가 되었다.

무언가를 시작하는 데 있어서 늦은 나이란 없다. 오히려 대기만성형에게 단점보다 장점이 더 많다고 생각한다.

첫째, 그들에게는 다양한 경험과 노하우가 있다. 그것은 돈으로 살 수 없다. 오랜 시간 축적된 삶의 지혜를 바탕으로 현명한 결정을 내릴 수 있다.

둘째, 여러 번 실패를 겪은 뒤에 무엇엔가 도전하려면 신중해질 수밖에 없다. 보통 나이가 들면 창의력이 떨어진다고 생각한다. 그러나 대기만성형 성공자들을 보면 나이가 들어도 여전히 창의적이다. 그 전에 여러 임상실험을 몸소 거쳤기 때문에 시간이 오래 걸린 것뿐이다.

셋째, 실패에 대한 면역력이 높아 보통 사람들보다 빨리 오뚝이처럼 일어설 가능성이 크다.

"청춘은 청춘에게 주기에는 너무 아깝다."

– 조지 버나드쇼(영국의 극작가)

10대들은 하루라도 빨리 되기를 열망한다. 기성세대들은 한 번쯤 돌아가고 싶어 한다. 그것은 황금의 시절, 우리가 '청춘'이라 부르는 그것이다. 듣기만 해도 왠지 얼굴이 발그레해지면서 수줍은 가슴이 뛴다. 상상만 해도 그 시절로 돌아가 당장 뭐든지 할 수 있을 것만 같다. 그러나 청춘들은 막상 던져준 황금시간을 어찌할 바 모른다. 상상으로만 기대했던 그 시간이 그렇게 빛나지만은 않다는 걸 깨닫는다. 청춘이기에 감내해야 할 아픔들이 다가온다. 이것이 내가 그렇게 기대했던 그 시간이었나 의문스럽다. 결코 만만치 않은 시간이다.

'청춘'은 그것을 내뱉을 때의 설레는 느낌만 있는 것이 아니다. 그 시간의 이면에는 남극의 한파처럼 냉혹한 현실과 불안한 사회가 동전의 양면처럼 딱 붙어 있다. 그것을 안 그때부터 20대의 청춘은 뒷걸음질 치기도 한다. 자신에 대한 성찰의 기회도, 세상을 탐험할 기회도 당차게 노려보지 못한다. 그래서 청춘들은 오늘도 불안과 나태를 오가며 황금 같은 시간을 흘려보낸다.

그에 반해 중년의 기성세대는 어떠한가? 그들은 청춘의 방황과 고뇌의 시간을 지나왔다. 때로는 자포자기와 무기력감에 무릎도 꿇어봤다. 무지와 혼돈에 자신감 넘치던 자아를 잠시 저당 잡혀보기도 했다. 당황하여 머뭇거리기도 했다. 세상에 끌려가보기도 했다.

그래도 세상으로부터 인정받기 위해 파도타기를 멈출 수 없었다. 잠시 한눈을 팔면 바다에 빠져 버리기 때문이다. 순간순간의 짜릿함도 잊을 수 없다. 운이 좋으면 좋아하는 일을 만날 수도 있다. 신나게 자신의 소명을 다하면서 경제적으로도 만족하며 살기도 한다. 그러나 대부분은 자신의 즐거움과 꿈을 외면하고 책임감으로 살았을 것이다. 그래서 그들은 늦었지만 '청춘'을 돌려준다면 제대로 살아보고 싶다고 얘기한다. 그러나 늦지 않았다. 지금 이 순간이 청춘이다. 열정이 곧 청춘이다. 열정으로 다시 해보는 거다. 열정에다 경험까지 있으니 천하무적이다.

나이가 들었다고 꿈을 접는 것이 아니라 꿈을 접는 순간 늙어버리는 것이다. 꿈이 경제적 풍요로 연결되어 부유해지면 더 바랄 게 없겠지만 그렇지 않아도 괜찮다. 그렇다고 그 모든 것이 무용지물로 사라지는 것은 아니다. 모든 과정이 배움이다. 좋아하는 일에 열정을 쏟는 것은 축복할 일이다. 물론 젊음과 열정을 바친 일이 추억으로만 머물지 않고 경력으로 축적되어 꿈을 이룬다면 더할 나위 없다. 사람들은 그것을 '성공'이라고 부른다.

늦은 나이에 새로운 도전을 한다고 하면 주변에서는 의심의 눈초리로 보거나 반대를 한다. 사실 가끔 자신도 흔들릴 때가 있다. 그러므로 도전 과제를 극복하기 위해서는 자신에 대한 신뢰가 깊어야 한다. 충분한 능력이 있다는 확고한 믿음으로 내 안의 잠재력을 이끌어내자. 자신의 경험과 지혜가 발판이 되어줄 것이다.

6

답은 이미 나 자신이 알고 있었다

살다 보면 누구나 일이 잘 안 풀리고 앞길이 막막할 때가 있다. 특히 2019년 말부터 시작된 코로나19로 인해 침체된 사회 분위기는 사람들의 숨통을 조금씩 조여왔다. 앞으로 어떻게 해결될 조짐이라도 있다면 그 희망을 등대 삼아 현재를 견디고 인내할 수 있다. 그러나 코로나로 인한 전 세계의 상황은 종잡을 수 없는 사태로 전개되어 왔다. 연일 계속된 무겁고 정체된 공기는 사람들을 예민하게 했다. 대상이 없는 분노가 사회 소수자들에게 향하는 사건이 발생하기도 했다.

서울 홍대입구역 부근은 '타로 거리'라 불릴 만큼 타로 점을 치는 곳이 많았다. 한적한 홍대 길가 곳곳에 자리 잡은 타로 점 가게 앞에는 젊은 사람들이 많이 드나든다고 했다. 코로나 이전과 이후의 점집이나 철학관에는 확연한 차이가 있다고 한다. 코로나19 사태가 있기 전에는 연애운(運)을 묻는 손님이 주류였다. 그러나 요즘엔 '사업을 계속해도 될지' 묻거나 '취업 고민'을 털어놓는 손님이 대부분이라고 한다. 이전에는 대체로 젊은 연인들이 설레고 수줍은 얼굴로 들어왔다면, 이후에는 무겁고 어두운 표정의 고객들이 많이 찾는다고 한다. 코로나 사태로 인한 암담한 현실에서 조금이나마 마음의 위안을 찾고 싶은 것이다.

또한 코로나19의 영향으로 비대면으로 쉽게 접할 수 있는 점집들이 인기를 끌고 있다. 모바일 앱(Application)이나 유튜브(Youtube.com)를 이용한 점집들이 인기몰이하고 있다. 유튜브 통계 분석 사이트인 '플레이보드'에서 지난 4월 기준으로 검색한 결과 타로 관련 국내 채널은 10,978개, 점집 관련 국내 채널은 533개로 집계됐다고 한다.

점집이나 사주 앱 등이 호황인 것은 언제 코로나 사태가 끝날지 모르는 상황에서 불안한 미래에 대해 걱정하는 사람들이 많다는 것이다. 내 의지로 어떻게 할 수 없는 상황 앞에서 사람들은 좌절하고 불안해한다. 그것이 집단적으로 표출된 것일 것이다.

며칠 전에 만난 지인은 조그만 카페를 운영하고 있었다. 그녀는 "코로나로 매출이 줄어도 어떻게든 버텼는데, 앞으로 상황이 나아질지 궁금해 철학관을 찾았었다."라고 말했다. 또한 매일 눈뜨자마자 코로나 확진자 수부터 확인하는 것이 일상이라고 했다. 생각했던 것보다 팬데믹(Pandemic: 전염병의 대유행)이 오래 지속되다 보니 지친 모습이 역력했다. 여전히 세계는 코로나19에 대한 명확한 원인 분석을 못 하고 있다. 그러니 그에 대한 답도 찾아내지 못했다. 백신이 생산되었지만 그에 따라 꼬리를 물고 또 다른 문제가 발생하기도 했다. 어떤 문제가 우리의 의지를 넘어섰다고 느끼면 우리는 무기력해질 수밖에 없다. 오죽하면 '코로나 블루', '코로나 홧병'이라는 용어까지 생겨났을까!

코로나19 만큼은 아니겠지만, 공무원 시험을 준비하면서 나도 비슷한 감정을 경험했다. 준비하는 기간에 비례해 내 자존감도 덩달아 내려갔다. 1년 후부터는 하루하루 불안감이 더 커졌다. 끝이 있을까 두렵기도 했다. 그럴수록 예민하고 날카로워졌다. 아들도 신랑도 힘들어했다. 그들은 집에 일찍 들어오는 것을 꺼렸다. 이 상황을 해결하려면 빨리 합격하는 길밖에 없었다. 그러나 뜻대로 되지 않았다.

그즈음에 신랑이 고양이 한 마리를 지인에게서 얻어 왔다. 고양이를 키워본 것은 처음이었다. 생후 1개월밖에 안 된 아기 고양이었다. 인형 같은 눈, 조그맣고 귀여운 발바닥, 가끔 내미는 작고 새빨간 혀! 너무 앙

증맞고 사랑스러웠다. 의자에 앉아 공부할 때에도 나는 무릎에 그 고양이를 올려놓고 보면서 공부했다. 내가 고양이를 귀여워하면 할수록 아기 고양이는 괴로웠으리라. 귀찮아하는 것이 역력했지만 난 내 맘대로 했다. 그때는 고양이의 습성에 대해서 잘 몰랐다. 그러나 그렇게 예뻐했던 고양이는 내 불안한 정서의 최대 피해자가 되었다.

그날도 공부 스트레스가 극에 달한 나는 장롱 밑이나 장식장 뒤 등 먼지가 있는 곳만 골라 다니는 고양이를 쫓다가 고양이 눈을 다치게 했다. 아찔했다. 펑펑 울면서 고양이를 차에 태워 병원에 갔다. 그러나 수의사는 눈이 회복되기는 힘들다고 했다. 다른 큰 병원에도 찾아갔다. 그곳에서는 최악의 경우, 눈을 이식해야 할 수도 있다고 했다. 그러나 나는 고양이 눈을 꼭 낫게 해야 했다. 그렇지 않으면 평생 죄책감에 괴로워하며 살 것 같았다. 한시도 떨어져 있지 않고 약을 먹이고 눈에 약도 발라주었다. 다행히 고양이는 약도 잘 먹고 사료도 잘 먹었다. 단지 눈이 보이지 않아서인지 잘 움직이지 않았다. 그러던 어느 날 고양이의 다쳤던 눈동자가 내 손짓에 따라 움직이는 것을 보았다. 눈이 회복된 것이다. 고양이도 전처럼 활발하게 움직였다. 너무너무 기쁘고 감사했다.

반려동물을 키우지 않는 사람들에게 우습게 들릴지 모르지만 그 사건이 내가 철학관을 찾게 된 결정적 원인이었다. 철학관에서는 내게 관운이 없다고 했다. 즉 공무원하고는 길이 멀다는 말이었다. 낙담하고 돌아오는 길에 나는 살짝 화가 났다. 나의 미래에 대해 망설임도 없이 '할 수 없다'는 말을 하다니! 오기가 생겼다. 그곳에서 내 운명에 관운은 없다고 했으니 내가 공무원에 합격하면 운명을 내가 바꾼 것이 되는 것이다. 그렇게 생각하니 도전의식이 생겼다. 그리고 곧 내가 나를 믿지 못하고 철학관에 갔던 것을 후회했다. 이미 내 안의 나는 알고 있었는데 말이다. 스스로 감정 조절을 못 해 가족에게 상처를 줬다. 반려동물을 다치게 했다.

철학관에 가서 좋은 대답은 듣지 못했지만 나는 나를 다시 돌아보게 되었다. 마음을 재정비하는 계기가 되었다. 철학관에서, 혹은 다른 사람이 나를 어떻게 바라보느냐는 중요하지 않았다.

내 자신이 나를 어떻게 인식하느냐가 중요했다. 내가 나를 믿고 나아가면 된다. 철학관에 냈던 복비는 값어치 이상을 했다. 그날 깨달음을 얻고 나는 굳은 결심으로 담대하게 나아갈 수 있었다. 짜증도 줄었다.

중국에 어떤 핑거페인팅(finger painting) 화가가 있었다. 그녀는 캘리포니아대학 예술학 박사이기도 하다. 그녀는 어릴 때 뇌성마비를 앓아 사지평형감각을 잃었다. 거기다 언어장애까지 생겼다. 균형을 잡는 것이 가장 어려웠던 그녀는 걸을 때마다 두 손이 춤을 추듯 흔들렸다. 이 정도면 보통 그녀가 굉장히 고통스러운 삶을 살았을 거라고 사람들은 생각할 것이다. 그러나 그녀는 오히려 자신감이 넘쳤다.

어느 날 그녀가 불편한 몸으로 강단에 섰을 때, 한 학생이 질문했다.

"박사님, 어릴 때부터 불편한 몸으로 살아오셨을 텐데 박사님께서는 자신을 어떻게 생각하십니까?"

학생의 질문에 그녀는 빙긋이 웃으며 칠판에 다음과 같이 써내려갔다.

'나는 나를 어떻게 보는가?'
　- 나는 정말 귀엽다.
　- 나의 다리는 길고 날씬하다.
　- 엄마와 아빠는 나를 무척 사랑하신다.
　- 하나님은 나를 매우 사랑하신다.
　- 나는 그림을 그릴 수 있고 글을 쓸 수 있다.
　- 나에게는 귀여운 고양이가 있다.

그리고 그녀는 학생들을 한 번 쭉 둘러보더니, 마지막으로 '나는 내가 가진 것만 보며 내가 가지지 않은 것은 보지 않는다.'라고 썼다.

그녀가 장애인이라는 것은 비장애인들이 내린 정의일 뿐이다. 그녀는 세상의 시선을 아랑곳하지 않았다. 그녀는 자신의 몸을 사랑했다. 아름답게 생각했다. 언제나 자신감이 넘쳤다. 자신과 가족, 세상을 사랑했다.

우리는 자신이 얼마나 많은 것을 가졌는지, 누리고 있는지에는 관심이 없다. 오직 남과 비교해 나에게 없는 것을 찾느라 시간을 허비한다. 자신을 정의할 수 있는 사람은 오직 자신뿐이다. 내가 나를 정의하는 대로 나는 만들어진다.

자부심! 무형의 이것은 자신을 지키고 앞으로 나가는 힘이 된다. 무엇이든 내가 원하는 것을 이루려면 무엇보다도 자기 자신을 사랑하는 마음을 가져야 한다. 자부심은 자기 자신의 가치와 능력에 대해 자기 스스로 하는 인식이자 확신이다. 자신이 가치 없다고 생각하면 결코 가치 있는 사람이 되지 못한다. 자신이 능력 없다고 생각하는 사람은 능력 있는 사람이 될 수 없다.

지금 당신은 목표가 있는가? 목표를 세우는 순간, 그 목표를 이루지 못할 것 같은 생각이 드는가? 또 실패할까 봐 두려운가? 그런 마음이 든다고 자신을 탓하지 마라. 괜찮다. 자신을 있는 그대로 바라보고 사랑하라. 그런 자신을 사랑하고 믿고 기다려주자. 자신을 가만히 들여다보고 나를 알아보자. 그러면 알게 될 것이다. 자신이 잘할 수 있는 것이 무엇인지. 이미 알고 있었지만 잊고 있었다는 것을. 자부심을 갖고 긍정적이고 편안한 마음으로 목표를 향해 한 걸음씩 걸어가라고 말하고 싶다. 당신이 이미 알고 있는, 당신이 원하는 그곳으로.

7

나는 공무원이 되었습니다

"생각하는 대로 이루어진다."

– 마르쿠스 아우렐리우스

공부하던 책상 정면에 적혀 있던 글귀다. 공무원 시험은 상상하는 그이상이었다. 나는 애초에 철저히 조사하고 검토하지 않고 시작했다. 나는 계획적인 인간형이 아니었다. 공무원이 되었을 때 장점과 단점은 무엇일지 정도는 알아봤어야 했다. 사실 찬밥, 더운밥을 가릴 처지가 아니었으므로 닥치고 그냥 도전했던 것이다.

그건 그렇다 치더라도 다른 사람은 어떻게 공부했고 어떻게 합격했는지, 합격 수기 정도는 몇 개씩 읽어봤어야 했다. 그리고 어떤 학원이 좋은지, 그 과목에는 어떤 강사가 최고인지, 노량진에 가서 스파르타식으로 공부하는 것이 좋은지, 아님 동영상으로 하는 것이 효율적인지도 알아봤어야 했다. 또 독서실에서 공부하는 것이 좋은지, 공공도서관에서 하는 것은 어떤지, 집에서 공부를 한다면 지켜야 할 점은 무엇인지, 선택 과목은 어떤 것을 선택해야 유리한지도 말이다.

어떤 분석도 없이 나는 그냥 시작했다. 자신감이었을까? 아니 무모했던 것 같다. 그렇게 시작된 공무원 시험공부는 모든 면에서 부족할 수밖에 없었다. 그렇게 시행착오를 겪으며 흘려버린 시간만 1년이 조금 못 미친다. 시행착오 속에서 남은 유일한 소득이 있다면, 엉덩이를 붙이고 약 10시간 책상에 앉아 있는 습관이었다. 어쨌든 가능하다면 철저한 사전 준비로 겪지 않아도 될 것은 피하는 것이 현명하다. 내가 겪었던 시행착오를 나열하면 이렇다.

첫째, 공부하기 위한 장소 선택이다. 공무원 시험을 준비하는 데 있어서 매우 중요한 조건이다. 같은 시간에 얼마나 더 효율적으로 공부할 수 있냐, 아니냐가 판가름 나기 때문이다. 나는 도서관, 독서실, 집을 거치면서 자연스럽게 가장 최적의 공부 장소를 찾게 됐다. 도서관은 내가 컨트롤할 수 없는 요인들이 많았다. 제일 문제는 타인의 소음이었다. 그리고 다음은 점심식사였다. 내가 다니던 공공도서관은 식당이나 매점이 없었다. 도시락을 싸가야 하는 상황인데 식사할 장소도 열악했다. 관리를 하지 않아서 지저분했고 겨울엔 추웠다.

그래서 옮긴 곳이 독서실이었다. 독서실은 항상 실내가 어두웠다. 책상에만 형광등을 켜고 공부했다. 갇혀 있다는 느낌이 들었다. 가슴이 답답했다. 그리고 지나치게 조용하다 보니 움직일 때 조심하느라 예민해졌다. 아주 작은 움직임과 소리도 귀에 거슬렸다. 고시원도 알아보았다. 식사도 제공되고 주변 환경도 고즈넉해 좋을 것 같았다. 비용이 발생하니 최종적인 보루로 남겨두었다.

마지막으로 시도한 장소가 집이었다. 아들은 학교 기숙사에 가 있었다. 신랑은 직업상 저녁 늦게 들어왔으니 나를 방해할 사람은 없었다. 식사 시간에도 신경 쓸 일이 없었다. 간단하게 차려 먹고 우아하게 커피까지 한잔하면서 휴식을 취했다. 공부하다가 힘들면 단순한 집안일을 하면서 머리를 식힐 수도 있었다. 일석이조였다. 그래서 공부 장소는 최종적으로 집으로 정해졌다.

둘째, 선택과목이다. 공무원 시험은 5과목으로 이루어졌다. 필수 3과목과 선택 2과목이었다. 필수과목은 국어, 영어, 한국사였다. 선택과목은 수학, 과학, 사회, 행정학, 행정법 중 2과목을 선택해야 했다. 5과목에 총 100문제, 1과목에 20문제씩 출제되었다. 100문제에 100분, 1문제 푸는 데에 1분이 걸린다. 또한 1문제에 5점이 배분되는 셈이다. 5점은 합격의 당락이 결정되는 매우 큰 숫자다.

시험공부 초기에는 과학과 사회를 선택했다. 과학을 선택한 것은 어렸을 때 생물을 좋아했던 것이 동기가 되었다. 그러나 강사 선정에 문제가 있었던 것 같다. 공부를 하면 할수록 배가 산으로 가는 기분을 떨칠 수가 없었다. 사회는 경제 부분에서 발목을 잡히고 시간을 많이 빼앗겼다. 약 7개월을 공부하다가 선택과목을 다시 선택해야겠다는 생각이 들었다. '그동안 공부한 시간이 아까워 그대로 가야 하나?' 많이 고민했다. 하지만 사회 공부를 하면서 '매몰비용'에 목메는 것은 어리석은 것이라 배웠다. 사회는 그대로 가기로 결정했다. 결국 과학을 버리고 행정법으로 갈아탔다. 제자리를 찾는 데 시간은 좀 걸렸지만, 결론적으로 잘한 일이었다. 행정법과 사회에서 만점과 95점이라는 결과를 얻었으니 말이다.

셋째, 공부 방식이다. 공무원 시험을 준비하기 전에 나는 영어 강사를 몇 년간 해왔다. 대학에서의 전공과목도 영어였다. 그래서 자만했다. 영어 공부를 소홀히 했다. 시험과목 중에서도 가장 늦게 공부하기 시작했다. 그렇게 해도 영어만은 금방 점수를 올릴 자신이 있었다. 내 발목을 잡는 애물단지가 될 줄은 꿈에도 생각하지 못했다. 공부를 시작한 지 1년 반이 지났지만 성적이 오르지 않았다. 60~70점대에서 계속 맴돌았다. 영어 점수를 올리지 않으면 불합격은 불을 보듯 뻔했다. 몇 번이나 강사를 바꿔보았다. 변화가 없었다. 마지막으로 강사를 바꾼 후부터 다시 시작한다는 심경으로 공부했다. 문법, 독해, 생활영어를 따로따로 공부했다. 단어와 생활영어는 매일 스터디 형식으로 익혔다. 1문제 틀리고 다 맞았으니 효과가 있었다. 모든 일에서 그렇듯 공무원 시험에서 자만은 절대 금물이다.

넷째, 시험시간이다. 나는 생각이 많은 편이다. 무엇을 결정할 때 다방면으로 심사숙고하는 편이다. 처음 모의고사를 풀었을 때는 절반도 못 풀고 시간이 초과되곤 했다. 위에서도 언급했다시피 1문제에 1분이 주어지는 시험이다. 아니 그 1분도 다 쓰면 안 되었다. 답안지에 마킹하는 시간을 따로 빼놓아야 하니 50초 정도만 써야 했다. 시험 6개월 전부터 나는 문제풀이에 전력을 다했다. 시간을 재는 조그만 시계를 사서 늘 18분 안에 20문제를 다 푸는 것을 목표 삼아 연습했다. 반복하고 또 반복했다.

오직 홀로 목표한 바를 이루어내는 데는 엄청난 끈기와 인내가 필요하다. 지난(支難)한 공무원 시험기간을 슬기롭게 잘 이겨내려면 '동고동락(同苦同樂)'의 힘을 빌어야 한다. 그래서 공무원 시험 응시생들(이하 공·

시·생)이 그룹 스터디를 이용하는지도 모르겠다. 스터디를 할 때는 그 그룹만의 규칙을 정한다. 규칙을 따르고 싶지 않으면 그룹을 탈퇴하면 된다.

스터디 그룹은 취지나 목적별로 종류가 다양하다. 일과 관리, 영어 단어 암기, 한국사 암기, 국어의 한자나 외래어 등을 무한 반복하기 등 실로 다양하다. 나는 이 중 영어 단어, 한국사, 국어의 한자나 외래어 등을 암기하는 스터디를 가입해서 꾸준히 했다.

또한 공무원 시험공부에 대한 종합적인 목표나 계획을 세워놓고 서로 지키도록 격려하고 감시하는 아줌마들만의 스터디도 가입했다. 거기서 나는 다양한 아줌마들을 만났다. 갓난아기를 키우는 아기엄마부터 중·고등학생이 있는 엄마들까지. 7명이 함께 스터디를 했다. 그들 중 내가 제일 연장인 것은 두말할 나위가 없었다.

그들 중 아이를 세 명이나 둔 A가 있었다. 아이들 중 막내는 어린이집에 다닌다고 했다. 그녀는 밤 10시에 취침하고 새벽 4시에 일어나서 공부했다. 아침 식사 준비하기 전까지 공부하다가 가족의 아침을 챙겨주고 막내를 어린이집까지 보낸 후 도서관으로 향했다. 도서관에서 공부를 하다가 막내가 어린이집에서 돌아오는 4시경에 귀가했다. 그녀의 놀라운 일상을 듣고 난 후 나는 더욱 열심히 공부하게 되었다. 나는 그녀들과 비교했을 때 공부 여건이 가장 좋았다.

삶의 곳곳에서 사람들은 서로 영향을 주기도 하고 받기도 한다. 좋은 영향을 주는 사람이 있고 나쁜 영향을 주는 사람이 있다. 기운을 북돋아주는 사람이 있고 내 자존감을 뭉개는 사람이 있다. 어떤 사람을 만나느냐에 따라 삶의 방향이 바뀐다. 나는 스터디를 하면서 나보다 훨씬 여건이 어렵지만 해내는 공시생들에게 많은 자극을 받았다. 그들에게 나는 어떤 영향을 주었을까? 선한 영향을 끼치는 사람이 되고 싶다.

공무원 시험 일정은 매년 약간의 차이는 있다. 그러나 보통 국가공무원 시험은 3월말에서 4월초에, 지방공무원 시험은 5월중에, 군무원 시험은 6월중에 치러진다. 공·시·생들은 시험공부를 시작하면 본격적으로 실력이 향상될 때까지 매년 있는 각종 공무원 시험을 쳐본다. 본시험을 위한 연습이다. 또한 출제 유형도 살펴보고 시험장의 분위기도 익힌다.

처음 모의시험을 치러 시험장에 갔을 때는 답지에 마킹하는 것은 고사하고 5과목 중 2번째 과목까지 보다가 시험시간이 끝나버리기도 했다. 그러기를 몇 번 반복했다. 모의고사가 있다고 하면 대구든, 서울이든 망설이지 않고 갔다.

시험공부를 시작한 지 2년이 다 된 5월 어느 날, 나는 모든 군사 훈련을 마친 전사처럼 비장한 마음으로 지방공무원 시험장에 들어갔다. 시험 1시간 40분 동안 한 치의 오차도 용납되지 않아야 했다. 2년간 준비해 온 모든 역량을 발휘해야 했다. 국어 과목을 다 훑어본 후, 시험 전 마지막까지 나를 긴장하게 했던 영어 과목을 풀고 있었다. 영어가 쉽다고 느껴지면서 나도 모르는 사이에 입가에 미소가 번졌다. 시험시간이 끝나고 교실을 나오는 순간, 나는 합격을 확신했다.

시험장을 나오면서 기독교인도 아니었던 나는 〈욥기 8장 7절〉의 "시작은 미약하지만 그 끝은 창대하리라."라는 구절이 생각났다. 나는 어느새 콧노래를 부르며 걷고 있었다. 그렇게 나는 공무원이 되었다.

나는 행복한 공무원입니다

제 2장

생애 첫 조직 생활, 진짜 공무원 되기

1

마흔다섯 아줌마의 왕초보 공직 생활

"살아온 대로 살지 않기 위해서는 나의 지난날을 돌아보고 새로운 시간과 장소에 새로운 마음을 담아야 한다."

― 아우구스티누스

"조직 생활! 생각보다 힘들데이. 우습게 생각하지 마래이." 전형적인 경상도 남자인 남편은 귀가 닳도록 내게 얘기했다. 그는 30년 가까이 조직 생활을 해왔다. 안다는 것은 때론 두려움을 양산한다. 사실 난 '조직 생활'이란 것을 해본 적이 없다. '조직'이라는 말을 들으면 영화 속 '깡패 조직'이 떠오를 정도였으니. 때론 무지(無知)가 용감함을 낳는다. 늘 그랬듯이 사실 난 별로 걱정되지 않았다. '그깟 조직이 뭐라고. 사람 사는 곳이 다 거기서 거기지. 별거 있겠어?' 나는 오히려 설레고 흥분되었다. 새로운 환경에서 새로운 경험을 할 거라고 생각하니 엔돌핀이 마구 샘솟는 것 같았다.

그렇다고 해도 아무런 준비 없이 시작할 수는 없었다. 10년 가까이 몸에 밴 벨리댄서의 색깔을 지우고자 애썼다. 벨리댄서로서의 삶을 부정하려는 것이 아니다. 그것은 '조직'과 너무나 상반되는 분위기라고 판단했기 때문이었다. 공직에 들어가서도 구설수의 주인공이 되고 싶은 생각은 없었다. 그동안 내가 입었던 의상들은 천편일률적이라는 조직 생활과 너무 거리가 멀었다. 댄서들 특유의 자유로운 스타일이 있다. 평상시 동네에서 입고 다녀도 사람들의 시선을 끌거나 입에 오르내릴 수도 있는 그런 것들이었다. 신발장을 열어보아도 모두 컬러풀했다. 도대체 신고 입을 것이 없었다. 친구의 조언대로 머리색을 어두운 갈색으로 염색했다. 너무 밝은 갈색이나 새까만 색은 세게 보인다는 것이었다. 그리고 검은색 정장과 구두를 마련했다.

나는 시청 사회복지과에 임명되었다. 기뻤다. 부서는 내가 원하던 곳이 아니었지만 적어도 시청에 근무하게 되었기 때문이었다. 공무원 시험에 합격하고 난 후 나는 읍면동보다는 시청에서 근무하기를 원했다. 그래서 시청에서 근무하는 내 모습을 상상하곤 했다. 왠지 시청에서 근무하는 공무원이 읍면동에서 근무하는 공무원보다 더 전문적인 인재로 보였다. 더 크고 중요한 일을 할 것 같았다. 대우도 더 좋을 것 같았다. 더 멋있어 보였다.

　그러나 나중에 알았다. 모든 것이 무지에서 나온 나의 편견이었다는 것을. 시청에 근무하든, 읍면동에 근무하든, 보수 체계는 같다는 것을. 차라리 읍면동에서 첫 근무를 하는 것이 유리하다는 것을. 읍면동에서 차근차근 배우고 시청에 가는 것이 안정된 순서라는 것을. 외부에 비쳐진 시청 공무원과 읍면동 직원에 대한 이미지는 잘 모르는 사람들의 근거 없는 추측일 뿐이었다. 나도 입직하기 전에는 민원인이었으니까.

　나는 43세에 공시를 준비하고 45세에 공무원이 되었다. 그 당시에는 시험성적에 따라 발령지를 본청과 읍면동으로 나눴다. 나는 성적이 상위권이었다. 그 이전에는 보통 신규 직원을 읍면동 민원대에 먼저 발령을 냈다고 한다. 그러나 내가 임용되던 시기에는 그 관행에 변화가 생겼던 모양이었다. 어렵게 합격한 만큼 부푼 꿈을 안고 출근했다. 원하던 시청에 발령을 받았으니 조금 더 자부심을 가져도 될 것 같았다.

　그러나 기대감으로 부풀었던 가슴이 실망으로 주저앉는 데는 오래 걸리지 않았다. 첫날부터 나는 점심시간에 같은 계원끼리만 모여서 식사를 한다는 것에 놀랐다. 직급순으로 줄을 서서 식판을 받았다. 식사를 하면서 대화는 거의 없었다. 식사 속도가 늦는 사람은 윗사람이 숟가락을 놓으면 적당히 따라놓거나 허겁지겁 먹어버려야 했다. 그런 일은 누가 가르치지 않아도 본능적으로 배우게 되는가 보다. 그리고 다 함께 사무실로 돌아왔다. 조직 생활의 단면을 첫날 점심시간에 고스란히 느꼈다. 그 이후 소화불량이 도지기 시작했다.

업무를 가르쳐주는 사람은 없었다. 그냥 이 사람 저 사람의 눈치를 봐가며 물어야 했다. 묻는다고 가르쳐주는 분위기도 아니었다. 싸늘한 시선과 묵묵부답인 경우가 다반사였다. 더군다나 나이로 치면 아들뻘인 몇 개월 혹은 1년 선배가 싸늘하다 못 해 모멸감을 주는 어투는 단연 최악이었다. 간혹 친절한 직원도 있었으나 각자 바빠서 가르쳐주다가 전화 소리에 멈추게 된다. 그러면 계속 서 있을 수가 없어 돌아와야 했다.

근래에 경기도를 비롯한 대도시에서 멘토링 제도를 공직 사회에 도입하는 사례를 볼 수 있다. 공직에 첫발을 내디딘 신규 공무원의 조직 적응력을 높이고 직무 능력을 향상하기 위한 이러한 시도가 기쁘다. 멘토는 현직에 있는 공무원이 될 것이다. 그들은 새로 들어온 새내기들에게 업무상의 어려움, 조직 문화, 인생 고민까지도 함께 공유하고 해결할 것이다.

공직의 새내기인 멘티는 이런 멘토 덕분에 조직에 보다 더 쉽게 적응할 수 있을 것이다. 멘토는 멘토링을 하는 일련의 과정 동안 업무 역량이 강화될 것이다. 스승과 제자가 함께 성장하는 교학상장(敎學相長)이라는 고사성어를 굳이 얘기하지 않아도, 멘토링 제도가 멘토와 멘티 모두가 성장할 수 있는 계기가 될 것이라는 사실을 알 수 있다.

나아가 공직 사회에서 직원 간의 소통을 이끌어내는 단초가 될 것이다. 경직된 조직 문화에 윤활유가 될 것이다.

공무원들이 단체로 있는 곳에 가본 적이 있는가? 장례식장을 방불케 한다. 그들의 의상은 무채색이다. 검정색이 주류다. 튀지 않아야 하기 때문이다.

발령받은 지 얼마 되지 않아 의상 때문에 과장 이하 팀장급 회의 때 내 이름이 언급된 적이 있었다. 색깔은 무채색이었지만 의상이 많이 타이트하다는 것이었다. 검정과 흰색이 섞인 체크무늬 바지를 입고 온 날은 집에 가서 갈아입고 오라는 지적도 받았다. 지적할 때의 그 태도와 말투라니! 그 말에 순응하지는 않았지만 씁쓸하기 그지없었다. 모욕감을 느꼈다. 비치는 옷도, 짧은 미니스커트를 입은 것도 아니었다. 이 나이에 옷무늬 때문에 이런 지적질까지 받아야 하나 싶었다.

나는 점점 마음의 문을 닫기 시작했다. 일만 했다. 그리고 이런 공직 문화를 잘 알아보지도 않고 들어온 내 자신이 원망스러웠다. 공무원이 됐다는 자부심은 사라지고 이런 조직에 속해 있다는 것이 부끄럽기까지 했다. 모든 공무원이 그런 것은 아니다. 훌륭한 사람도 많지만 폐쇄적인 이런 조직 안에서 그들 대부분은 더욱 숨죽이고 있다.

나는 강한 사람은 아니다. 그러나 무엇을 하든 잘할 수 있는 자신감은 최고였다. 어렸을 때부터 할머니는 교묘하게(?) 내게 자신감을 불어넣어 주셨다. 내게 직접적으로는 한 번도 칭찬을 하지 않으셨다. 그러나 동네 어른들이 집에 놀러 오시면 바구니에 먹을 것을 담아 오시면서,

"우리 ○○가 만든 바구닌데 예쁘지?"
"이걸 ○○이가 만들었다고?"
"그럼, 우리 ○○이는 못하는 게 없어. 아무거나 뚝딱뚝딱 잘 고치고 잘 만들잖아."
"아이쿠, 손재주가 있는 갑네."
"어린 게 손재주만 좋은 게 아니야. 달리기도 잘해서 공책은 또 얼마나 받아왔다고. 저 시계 보이지? 저 벽시계는 글쎄 미술대회 나가서 최우수상 먹어서 타왔잖아. 우리 손녀라서가 아니라, 쟤는 진짜 못하는 게 없어."

그렇게 옆에서 놀고 있던 내게 다 들리는 소리로 말씀하시곤 하셨다. 할머니는 그녀만의 방식으로 손녀의 마음속에 '자신감'이라는 기둥을 깊고 단단하게 세워주셨다. 그것은 평생의 자산이 되어 나를 지탱해주는 마르지 않는 샘물이었다. 그런데 그것마저도 조금씩 힘을 잃어 갔다. 마흔 중반의 내가 쌓아왔던 것들이 아주 짧은 시간에 새로운 환경에서 부정당하는 기분이었다.

그렇다고 내가 '나'가 아닌 것은 아니다. 겨우 의상이나 스타일 같은 외적 요구 조건에 내 자아가 흔들릴 수는 더더욱 없었다. 내가 몸담은 조직이 필요로 한다면 나의 외형을 바꿔야 할 것이다. 그러나 내 의식, 내 가치관이 바뀌는 것은 아니다. 조화로운 조직 생활을 위해 나 자신과 조율하고 타인과 함께하는 생활을 익히면 나의 왕초보 공직 생활을 성공적으로 디자인할 수 있을 것이다.

2

신규 공무원이라면
시집살이 혹은 군 입대 두 번 한다고 생각하라

'벙어리 3년, 귀머거리 3년, 장님 3년.' 옛날 시집간 여자의 삶이 얼마나 힘들었을지 보여주는 말이다. 친정 부모는 시집가는 딸에게 이 말을 하면서 새로운 환경에서의 생활을 예견하게 했다. 시집간 딸은 부모의 말처럼 숨죽이고 살아야 했다.

전통사회에서 '시집'이라는 새로운 곳에 편입된 며느리는 수많은 제약과 억압 속에 숨도 제대로 못 쉬고 살았다. '알아도 모르는 척, 들어도 못 들은 척, 보아도 못 본 척', 시집간 며느리가 '시집'에 제대로 편입되기 위해서는 9년이라는 인고의 세월이 필요했다는 뜻이다.

당신이 조직생활 처음 해본다면 이 '시집살이'를 상상하면 된다. 혹자는 '세상이 변했는데 조직 생활을 이렇게까지 표현하는 건 과하지 않냐.' 라고 할지 모른다. 9년이라는 물리적 시간과는 차이가 있을 것이다. 그러나 한국 사회에서 '조직의 생리'는 아직도 직장에, 공직에, 여러 단체에 버젓이 살아 있다. 최근에 변화의 바람이 부는 건 사실이다. 그러나 그것은 여전히 티눈처럼 조직의 살 속 깊이 박혀 있다. 이 오래된 관습(?)의 뿌리를 뽑겠다고 덤비다가 크게 다치는 사람들을 직간접적으로 많이 보았다. 어떤 회사의 과장 자리에 있는 분은 자신의 카톡 프로필에 저 문구가 있다고 한다. 과장까지 된, 직장에서 어느 정도 내공이 쌓인 사람도 매일 자신을 담금질한다는 뜻일 게다.

연초에 20대에서부터 30대 초반 신규 직원들이 각 부서에 발령받아 온다. 그중에 남자 직원이 우리 부서에 오게 된다. 그러면 그 부서에 있는 현직 공무원들은 반가운 기색이 역력했다. 특히 부서장님을 비롯한 6급 팀장('계장'이라고도 불린다)님들은 더욱 반가워한다. 그럼 같은 또래 신입 여직원은 반기지 않는다는 얘기인가? 그건 아니다. 젊은 여직원을 반가워하지 않을 리가 없다. 그 '반가움'에 결이 다른 바람이 있을 뿐이다.

신입 남자 직원은 군대를 제대한 지 얼마 되지 않아서일까? 언행에 '군기'가 스며 있다. 이미 군대에서 체득한 '상명하복(上命下服)'의 조직 분위기를 당연시하며 공직에 잘 적응한다. 상사가 시키는 일을 시원시원하게 잘 해낸다. 군대 짬밥보다 더한 곳이 공직이라는데 그런 면에서 상급 직원들이 싫어할 이유가 없다. 특히 몸을 많이 쓰는 읍면동 행정복지센터에서는 이런 남자 직원들을 두 팔 벌려 환영한다.

신입 여직원들은 그런 면에서는 조금 다른 양상을 보인다. 새로운 환경에서 배우려는 열정은 같다고 할 수 있다. 그러나 조직 사회를 겪어본 사람과 겪어보지 않은 사람으로 나뉘게 된다. 그 차이는 크다고 할 수 있다. 즉, 30대 중반이 되었어도 사회생활을 한 번도 해보지 않고 공부만 하다 들어온 여직원은 적응하는 데 어려움을 겪는다. 그래도 힘들다고 말할 수도 없다. '벙어리 3년'을 이겨내야 하니까. 옆에서 가르치는 현직 공무원의 애로사항도 이만저만이 아니다. 자신이 맡은 일도 만만찮은데 옆에 앉았다는 이유로 신규 직원까지 가르쳐야 한다. 그 여직원이 민원인과 갈등이 생기면 그 일을 처리해야 하는 것도 자신의 몫이 된다. 그렇다고 신규 직원에게 화를 낼 수도 없다. 화를 냈다가는 울어버리는 직원도 있다. 그러면 자신만 못된 시어머니가 되니 참아야 한다. 물론 화를 내는 사수도 있을 것이다. 어디까지나 개인 성향이니까.

20대라도 사회생활 경험이 있는 직원은 빠르게 적응한다. 융통성까지 발휘하여 시키지 않아도 알아서 업무를 매끄럽게 처리한다. 그런 직원이 들어오면 선배 직원들도 훨씬 편하다. 민원인과의 마찰도 별로 없다. 그렇게 예뻐 보일 수가 없다. 물론 이런 직원은 흔치 않다.

다양한 성향과 기질을 가진 사람들을 이렇게 단적으로 표현하는 것이 부적절할 수도 있다. 그러나 경험에 비추어 볼 때 굳이 양분하자면 그랬다. 이런 차이는 초기 1~2년 사이에 얼마나 매끄럽게 공직 생활에 적응하느냐의 문제이다.

나의 경우는 어땠을까? 나는 군대도 다녀오지 않은 여직원인데다가 어리지도 않았다. 물론 나는 항상 내가 젊다고 생각하면서 살았지만 말이다.

응시한 지역이 연고지도 아니었다. 경상북도에 속하는 한 소도시였다. 예로부터 경상북도는 서울, 경기 지역이나 혹은 경남에 비해서 보수적인 곳이라 알려져 왔다. 노령인구비율도 가장 높은 지역이다. 이런 데이터만으로도 변화를 수용하는 속도가 느릴 것이라 유추해볼 수 있다. 공직 사회라도 예외는 아닐 것이다. 여러 조건으로 봤을 때 나는 조직에서 환영받는 인재는 아니었을 것이다.

입직한 지 한 달 정도 되었을 때의 일이다. 출근하자마자 하는 나만의 업무 매뉴얼이 있었다. 먼저 문 앞에 던져져 있는 신문을 정리했다. 신문의 모서리를 칼처럼 맞춰서 과장님 책상 옆에 나열해야 했다. 사무실 창문을 열어 환기를 시켰다. 과장님이 출근하시면 커피를 타서 갖다 드렸다. 어쩌다가 이런 잡무가 내 일이 됐는지는 정확히 기억이 나지 않는다. 선배가 그렇게 하라고 지시한 것도 있었고 눈치껏 떠밀리듯이 한 것도 있었다.

아무튼, 아침 일과가 되어버린 내 일(?)을 하고 자리에 앉아 업무를 보려고 할 때였다. 50대 중반인 듯했던 A가 비슷한 또래인 동료 직원 B와 대화를 나누고 있었다. 청년실업에 관한 얘기를 하는 것 같았다. 아직 이른 시간이라 사무실은 조용했고 직원들은 몇 명 없었다.

A : "청년실업이 심각하네."
B : "말해 뭐해. 취업하려고 애를 써도 경기가 좋지 않아 뽑아주는 곳도 없으니 애가 타지."
A : "나이 든 사람들이 양보해야 젊은 애들 자리가 생기는데 말이야."
B : "무조건 양보한다고 되나? 노인인구 비율이 높아지는데, 그들도 먹고 살아야지."
A : "그래도 나이 들어 공직에 들어오는 건 좀 아니잖아. 젊은 애들 자리를 굳이 뺏어서 들어오고 싶나?"

노골적인 시선까지 보내며 하는 A의 마지막 말에 나는 얼굴이 화끈거리고 가슴이 답답해지기 시작했다. 화가 나고 속이 메스꺼웠다. A는 나를 공격하려는 심보로 B와 대화를 시작했던 걸까? 그녀가 처음부터 내게 비호의적인 것은 아니었다. 나는 여리고 순한 젊은 여직원이 아니었다. 공직에 들어오기 전, 나는 20년 가까이 내 사업을 하면서 나름 잔뼈가 굵었다. 선배들의 부당한 지시에 마냥 넘어가는 성격도 아니었다. 편 가르기를 좋아하는 그녀에게 자신의 방식과 의도대로 되지 않는 나는 눈엣가시였을 것이다.

어떤 방법으로 대응해야 할지 잠시 고민하던 찰나에,

"무슨 말을 그렇게 하나? 자기 일 아니라고 막말하면 안 되지. 말 좀 가려서 해. 맘보를 좀 곱게 쓰라고."

B의 직언에 A는 아무 말도 못 하고 자기 자리로 돌아갔다. B는 올곧은 사람이다. 힘들 때 그의 말 한마디에 위로를 많이 받았다. 그래서 지금도 그 고마움을 잊지 못한다.

그들의 대화는 그렇게 끝났지만, 그날 나는 좀처럼 마음을 가라앉힐 수가 없었다. 비열한 의도를 가진 A의 말에 화가 난 것이 아니었다. 저런 사람과 한 공간에서, 공무원이라는 한 테두리로 엮여 일하고 있다는 사실이 싫었다. A에 대한 안 좋은 소문은 익히 들어 알고는 있었다. '어린 직원들을 대동해 편 가르기를 일삼는다. 능력이 안 되니 아부로 공직 생활을 연명하고 있다.'라는 뭐 그런 최악의 소문이었다. 소문의 진위야 내 알 바가 아니다. 그러나 직접 겪어보니 불을 땐 굴뚝에 연기가 났다.

나는 한 번도 나이가 많아서 불리할 수 있다거나 존재감을 억눌러야 한다고 생각해본 일이 없다. 또한 나이가 많으면 무조건 대접받아 마땅하다고 생각해본 일도 없다. 나이가 들어 경륜이 쌓인 사람을 존중하는 것까지 바라지도 않는다. 시대가 변했으니까. 그러나 '동방예의지국'이었던 우리나라 예의 범절이 언제부터 나이 먹은 것을 부끄러워해야 하고 기죽어 해야 하는 것으로 변질되었을까?

나이라는 세월의 길이가 내 생각이나 행보에 영향을 준다는 자체를 용인할 수 없었다. 아니 사실 나는 나이를 안중에도 없이 살아왔다. 적어도 공무원이 되기 전까지는 말이다.

'그런 것이 과연 왜 필요한 거지? 사람과 사람 사이에서 서로 존중하고 배려하고 적당한 예의를 지켜주면서 자신의 일을 하면 되는 것 아닌가? 내가 나이 들었다고 해야 할 일을 안 한 적이 있던가? 젊은 사람보다 일을 더 못한 적이 있었던가? 오히려 그런 편견에 대항하듯 더 열심히 일했다. 왜 나이를 가지고 차별하지? 그것은 성차별만큼이나 모멸감을 주는 일이다.

그러나 그날 나는 A에게 아무런 항변도 하지 못했다. 그 일 뿐이었겠는가! 그러나 입직한 지 얼마 되지 않는 신입으로서 소란을 피우고 싶지 않았다. 나는 가슴에 불덩어리 하나씩을 쌓아가며 들어도 못 들은 척! 보고도 못 본 척! 참아내는 시간을 보내야 했다. 나는 워낙 부당한 것을 못 참는 성격이다. 그러니 죽을힘을 다해야 했다. 어린 시절 할머니께서 물려주신 자존감과 자신감이란 평생 재산도 조용히 맘속에 묻어 두었다. 이 또한 지나갈 것이고 영원한 것은 없다. 내게도 내가 '나'가 될 수 있는 시간이 곧 올 것이다. 그동안 내실을 다지며 바짝 엎드려 지내자. 당분간의 시집살이는 즐기자 결심했다.

3

슬기롭게 복종하라

5월은 가정의 달이다. 어린이날, 어버이날, 스승의 날까지 모여 있는
달이다. 공직에 들어온 지 5개월도 채 되지 않았다. '시보'를 달고 있을 때
이다. 이는 어떤 직에 임명되기 전에 실제로 그 일에 종사하며 익히는 직
책이란 뜻이다. 그러니 아직 정식 공무원은 아닌 셈이다. 수습 공무원이
라고 해두자. 공무원으로 합격하여 입직을 하게 되면 6개월 동안은 자신
의 계급에 '시보'가 붙는다. 예를 들면 9급 신규 공무원이면서 행정직일
경우 '지방행정서기보시보'라고 부른다. 6개월 동안 시보의 신분으로 있
다가 7개월째부터 정식 공무원이 된다.

정식 공무원이 되기 한 달 전, 그해 2월부터 나는 5월 5일에 있을 어린

이날 행사 준비에 돌입했다. 나는 아동 담당자였다. 아동과 관련된 일은 대부분 내 담당이라 해도 과언이 아니다. 어린이날 행사는 연중 꽤 큰 행사였다. 모든 것이 처음인 내게 힘든 작업이었으나 정신없는 와중에도 성황리에 마무리할 수 있었다.

그 행사가 끝나자마자 '어린이 동요대회' 행사가 기다리고 있었다. 담당자는 A부터 Z까지 행사의 시작과 끝, 뒷마무리까지 모두 머릿속에 있어야 한다. 컨트롤 타워가 되어야 한다. 특히 본 행사 전에 있는 의전은 공무원들이 꽤 공들이는 부분이다. 의전행사는 개회식에 주로 한다. 귀빈들의 소개가 끝나고 대회사—축사—격려사 등 귀빈들의 인사말이 있다. 대회사의 경우는 행사를 주최한 기관의 장(長)이 하는 것이 일반적이다. 이 인사말을 미리 준비하는 것도 담당자의 몫이다.

시장님이 좋아하는 인사말 콘셉트는 미리 비서실에서 팁을 준다. 또한 언제까지 작성해서 보내라고도 한다. 나는 시장님의 성향을 감안해 다른 행사에서 쓰였던 인사말이나 명언 등을 참고한다. 또한 계절, 행사의 목적이나 취지 등도 고려해서 작성해야 한다. 그런데 행사 이틀 전, 비서실에서 시장님은 참석하실 수 없다는 통보가 왔다. 이런 일은 비일비재하다. 국장의 인사말을 준비하라는 부서장의 지시가 떨어졌다. 국장님 인사말에 대한 사전 정보는 없었다. 나름대로 하는 수밖에 없었다.

그리고 행사일이 다가왔다. 나는 담당자로서 모든 행사 일정을 체크해 보려고 한두 시간 일찍 행사장에 가고 있었다. 가는 도중에 핸드폰이 울렸다. 부서장이었다. 국장이 갑자기 참석할 수 없다는 것이었다. 난감했다. 그러면 결국 부서장이 대회사를 하게 된다. 부리나케 사무실로 가서 국장님께 드렸던 인사말을 보여 드리니 '이건 이렇고 저건 저렇다' 하시며 수정을 요구하셨다. 정신없이 몇 번의 수정 끝에 완성된 인사말을 부서장에게 전했다.

한 장도 안 되는 대회사 시나리오는 행사 직전까지 내 혼을 빼놓았다. 그렇게 담당자는 행사 전부터 행사 당일까지 잠시도 긴장의 끈을 놓을 수 없다. 외부에서 보면 이해 못 할 수도 있다. 인사말이야 인사말을 하는 당사자가 준비하면 된다. 본인이 준비하다 보면 내용에 익숙하다. 행사 당일 굳이 메모를 보지 않아도 술술 말할 수도 있을 것이다. 그런데 왜 굳이 그런 것까지 담당 직원에게 시키는 것일까? 궁금해하지 마라. 그것이 조직이다. 조직의 관행을 왜냐고 묻기 시작하면 끝이 없다. 닥치고 그대로 따르면 되는 것이다. 시집살이를 호되게 하다 보니 적응하게 되었다.

공직 사회는 말 그대로 '계급제'이다. 일반직 공무원은 1급부터 9급까지의 계급으로 구분된다(국가공무원법 제4조). 직무를 수행할 때 소속

상관의 직무상의 명령에 복종해야 한다(국가공무원법 제57조).

관행이란 말이 있다. 일정한 지역이나 집단의 반복적인 생활 과정 속에서, 일정한 생활 목적을 위하여 특정한 기회에 행하는 것을 말한다. 사회적 단체·조직 등에서의 거래 관행, 노사 관행 등 그 조직을 유지하는 데 필요한 사업 활동 등이 이에 포함된다. 사회적 제재(制裁)를 수반하는 경우도 있다 관행법 등으로 불리기도 하는데, 아주 넓은 의미로는 이들 법까지 포함한다.

"로마에 가면 로마법을 따르라."라는 말이 있다. 공직에 들어왔으니 공무원으로서 주어지는 의무, 관습, 규범에 '왜?'라고 토를 달지 않는다. '하지만 나는 공무원으로서만 존재하는 것이 아니라, 나로서 이 세상에 태어났고 공무원은 내 정체성의 일부분일 뿐이다.'라고 생각하면 적응이 어려워진다. 공무원이란 나를 버리고 국가와 국민을 위해 일한다는 사명감이 있어야 한다. 그러므로 '왜'는 접어두자. 공무원을 선택한 것은 나 자신이다. 그 책임은 오롯이 자신의 몫이라는 것을 나날이 새겨야 한다. '왜?'를 하다 보면 불평불만을 늘어놓게 될 것은 뻔하다.

거대한 조직 안에는 열심히 제 몫을 해내고 있는 수많은 공무원들이 있다. 당분간은 나 개인의 가치관과 개성은 잠시 접어두자. 이미 누군가가 규정해놓은 틀에 옷을 바꿔 입고 그 안에 들어가자. 모든 적응이 끝나고 진짜 공무원이 됐을 때 그때 개선안을 논하는 것도 늦지 않다. 그러나 심히 부당한 지시에 대해서는 얘기가 다르다.

모든 사회나 조직은 구성원들을 기존의 권위와 질서에 순응시키려 한다. 이것을 사회화라고도 한다. 복잡한 인간 조직과 사회의 성장을 위해 이런 복종은 필요하다. 우리는 어려서부터 "말 잘 들어라."라는 경고를 받으며 성장한다.

하지만 지시가 항상 옳은 것은 아니다. 잘못된 지시에 무조건 복종함으로써 많은 문제도 야기되고 있다. 최근 한 인터넷 기업의 대표가 직원을 무자비하게 폭행한 영상이 공개됐다. 가해자의 행위는 엄중히 처벌받고 지탄받아 마땅하다. 그런데 이 영상은 가해자의 지시로 또 다른 직원이 촬영한 것이었다. 이에 대해 우리는 당황스러운 고민에 빠진다.

비록 윗사람이 시키는 대로 따랐더라도 우리는 자신이 한 행동에 대한 책임을 피할 수 없다. '단순한 지시를 따름으로써' 함정에 빠질 수 있음을 인지해야 한다. 그것을 피할 수 있는 기술을 터득해야 한다. 따라서 자신의 입장을 명확히 하고, 명령이 틀렸을 때는 '슬기롭게' 불복종할 필요가 있다. 결국에는 이러한 대처가 자신은 물론 윗사람에게도 이로울 수 있다.

안내견을 본 적이 있는가? 안내견이란 시각장애인이 안전하게 다니고 독립적으로 생활을 할 수 있게 특별히 훈련된 보조견을 말한다. 안내견이 시작된 이야기를 들어보면, 세계 제1차 대전 때 독가스에 눈이 실명되거나 전쟁에서 부상당한 참전 용사를 돕기 위해 Gerhare Stalling라는 독일 의사가 생각해냈다고 한다. 물론 더 이전으로 거슬러 올라가면 1700년대 후반 로마 시대부터 시작되었다는 역사적인 기록이 발견되기도 했다.

안내견은 처음에는 기본적인 복종 훈련을 받는다. 이 훈련을 성공적으로 통과하면 특별한 불복종 훈련에 돌입한다고 한다. 그것은 앞을 못 보는 주인의 지시가 잘못된 것일 경우, 그 지시를 거부하는 훈련이다. 시각장애인이 위험을 알지 못하고 앞으로 나아가려 할 때 안내견은 보호자의 의향과 달리 멈춰서 움직이지 않거나 뒤로 물러나는 행동으로 보호자에게 신호를 알린다. 때에 따라서는 보호자의 지시를 어기는 불순종하는 방법을 말한다. 한마디로 '슬기롭게 불복종'하는 훈련이다.

'슬기로운 불복종'은 궁극적으로 슬기로운 복종에 속한다. 이 불복종은 윗사람의 권위 자체를 부정하는 것이 아니다. 이를 위해서는 무엇보다 부당한 지시를 분별하는 능력이 중요하다. 그리고 자신의 생각을 지시자에게 원만하고 효과적으로 전달하는 기술도 필요하다.

사회나 조직은 리더(leader)와 하부 직원인 팔로워(follower)로 구성된다. 슬기로운 불복종은 팔로워뿐만 아니라 리더에게도 유익하다. 팔로워 못지않게 현명한 리더도 슬기로운 불복종에 적극적인 관심을 가져야 한다. 우리는 언제 어디서든 리더가 될 수도 있고 팔로워가 될 수도 있다. 따라서 이 문제에서 자유로운 사람은 아무도 없다. 이를 위해 개인과 사회, 조직 모두가 더불어 노력해야 할 것이다.

4

최고령 신규 공무원이어서 죄송합니다

"뮤지션에게 은퇴란 없다고 하죠. 음악이 사라지면 멈출 뿐입니다. 제 안에는 아직 음악이 남아 있어요."

― 영화 〈인턴〉의 대사

〈인턴〉이라는 영화에서 로버트 드니로가 면접을 볼 때 한 대사이다. 그는 은퇴 후에 30대 젊은 CEO가 경영하는 스타트 업 회사에 '인턴'으로 입사하게 된다. 열정적인 30대 CEO는 늘 자신들의 의견을 강요하는 부모님과의 불화를 겪고 있었다. 그래서 그녀는 어른들을 별로 좋아하지 않는다. 그럼에도 불구하고 경험 많은 70대 인턴과 열정 많은 30대 CEO가 만나 나이를 떠나 인생 친구가 되어 가는 스토리이다.

이 영화에서 "경험은 나이 들지 않는다. 경험은 결코 시대에 뒤떨어지지 않는다."라는 대사가 나온다. 나이가 들면 빠르게 변화하는 시대의 흐름에 편승하지 못한다. 그래서 자신감도 떨어진다. 체력은 예전 같지 않다. 그래서 하고 싶은 일이 있어도 포기하게 되기도 한다.

그런 의미에서 이 영화는 어른들에게 힘을 준다. 어른은 고지식하다고 생각하는 젊은이들의 고정 관념을 깨주기도 한다. 주인공은 나이가 들었음에도 충분히 조직의 구성원에게 인정받게 된다. 그들의 부족한 점을 오랜 경험자로서 따뜻하게 품어주면서 도움을 주기도 한다. 무엇보다 서로의 장단점을 잘 보완하면서 지내는 젊은이와 어른의 모습이 아름답다.

1956년 UN은 65세 이상을 노인으로 규정했다. 65세 이상 인구가 7% 이상인 국가를 고령국가로 지정했다. 이 당시에는 세계적으로 고령화가 거의 나타나지 않은 때였다.

이에 근거해, 우리나라 노인복지법은 경로우대 대상을 65세로 지정하였다. 이들은 지하철이나 버스, 고궁 등의 시설을 무료로 이용할 수 있다.

기초연금법에서도 기초노령연금을 수령하는 나이를 65세 이상으로 정했다. 노인장기요양보험법에도 적용 대상 연령은 65세 이상이다. 국민연금법과 공무원연금법에서도 연금 개시 연령을 60세에서 65세로 서서히 상향 조정하고 있다.

즉, 현재 우리 사회에서 노인연령의 기준은 65세로 합의된 것이다. 1981년 노인복지법이 제정된 이후 오랫동안 그대로 유지해왔다. 그런데 우리나라는 고령화 속도가 세계에서 가장 빠르다고 한다. 이미 고령사회로 접어든 상태다. 따라서 복지정책에 따른 사회적 비용 역시 크게 늘어나고 있다. 대부분의 전문가들은 이제 노인연령 재조정은 불가피하다고 주장한다. 노년 부양비가 급증하고 건강수명도 늘어났기 때문이다.

어느 여론조사에서 노인연령 기준을 70세 정도로 답변하는 경우가 많았다고 한다. 심지어 노인단체도 65세는 너무 낮다고 말한다.

그러나 정부는 섣불리 나서지 않는다. 이미 은퇴와 함께 사회적 역할을 상실한 사람들이 많다. 그렇게 되면 당장 그들은 연금도, 일자리도 잃게 된다. 시간적으로 복지 사각지대가 생기는 셈이다. 그래서 시기상조라고 말하는 사람들도 많다.

그런데 UN이 2015년에 새로운 연령 구분을 발표했다고 한다.

UN이 발표한 새로운 연령구분

UN에서 세계 인류의 체질과 평균수명을 측정하여
연령 분류의 새로운 표준 규정을 5단계로 나누어 발표했습니다.

❶ 0세 ~ 17세 ----→ Ⓤ Underage (미성년자)

❷ 18세 ~ 65세 ----→ Ⓨ Youth/You people (청년)

❸ 66세 ~ 79세 ----→ Ⓜ Middle-aged (중년)

❹ 80세 ~ 99세 ----→ Ⓔ Elderly/Senior (노년)

❺ 100세 ~ ----→ Ⓛ Long-lived elderly (장수노인)

– 출처 : "UN이 발표한 새로운 연령구분", 〈국민일보〉, 2019.4.23.

　이 표는 80세 이상이 노인이라는 새로운 연령 기준을 제시한다. 의료 과학의 발달로 늘어난 세계 인류의 평균수명을 측정해 새로 규정한 것이라 한다.

　나는 환호했다. 새로운 연령 구분에 따르면 나는 청년이니까. 청년으로 리모델링한 기분을 느꼈다. 갑자기 생기가 돌았다. 의욕이 생겼다.

또한 이 정보는 KBS 예능 프로그램 〈옥탑방의 아이들〉에서 문제로 나왔었다. 각종 신문에도 기사화되었다. 각 소셜 미디어에서도 많이 언급이 되었다고 한다. 그만큼 획기적인 소식이었다는 얘기다. 그러나 이 내용에 대해 다수의 논란도 있다. '팩트체크' 전문 미디어 〈NEWSTOF〉에서 조사한 바에 따르면, UN이나 WHO의 공식문서 어디에도 이에 대한 언급을 찾을 수 없었다고 한다.

나는 〈NEWSTOF〉의 사실 확인이 달갑지 않다. 누구를 위한 확인인가? 이 발표가 진실이라고 가정했을 때 유익함이 더 많지 않을까? 유엔의 공식 입장이라고 믿었을 때 대중은 그것을 사실로 받아들이고 더 젊게 살 가능성이 크다. 이것이 내가 바라는 것이다.

한편, '생활연령'이라는 말이 있다. 사람이 태어나면서 자연적으로 매년 증가하게 되는 나이다. 우리는 '생활나이'는 어쩔 수 없다. 사회적 약속이니까. 그러나 내가 나만의 나이를 주관적으로 결정할 수는 있다. '내 나이가 어때서'라는 노래는 중년, 노년기의 애창곡이다. 그 노래를 부르는 동안은 자신의 '생활나이'를 거부하고 싶은 것이다. '마음은 늘 이십 대예요.' 우리가 흔히 말하기도 하고 자주 듣는 말이다. 말로만 할 것이 아니라 스스로 그렇게 믿으면 된다. 자신이 30대라고 믿고 행동하며 꿈을 가지고 사는 사람이 있다고 가정하자. 그리고 '이 나이에 무슨'이라는 말을 입버릇처럼 말하며 미리 젊음과 사절하는 사람이 있다고 가정하자. 이 두 부류가 10년, 20년 세월이 흐른 후 어떻게 변했을까? 이 '열정과 안락 사이'의 차이는 여러 해가 지났을 때 현저하게 벌어진다고 장담할 수 있다.

나는 45세에 공무원 시험에 합격했다. 공무원 시험 전문브랜드 〈ㅇㅇ 기〉 학원의 동영상으로 집에서 독학했다. 그 학원 출신 수험생 중 나는 내가 응시한 지역의 최고 득점자였다. 물론 합격생들 중 타 수험 사이트나 학원에서 공부한 공시생들도 있었을 것이다. 내가 말하고 싶은 것은 나이 때문에 뒤처진다는 편견이나 핑계는 없어야 한다는 것이다.

단지 조직 사회가 순조롭게 제 기능을 하기 위해서는 직급과 '짬'의 체계가 순조롭게 돌아가야 한다. 그런데 나이 많은 신규 공무원이 오면 조직 문화의 평화가 흐트러질까 봐, 혹은 불편할 것 같아서 우려하는 부분은 알고 있다. 하지만 여러 번 말했듯이 서로 예의를 지키며 자신의 본분을 잘 지킨다면 나이든 사람의 장점과 젊은 사람의 장점이 어우러져 훨씬 조화로운 공직 생활이 이루어질 것이라 생각한다.

"우리는 중년에야 비로소 신을 닮은 지혜와 이성과 기억력을 갖는다."
― 데이비드 베인브리지, 미국 케임브리지대 해부학자

뇌과학자들의 한 연구에 따르면, 대부분 중년의 뇌가 가장 똑똑하다고 한다. 인지와 감정이 완벽한 균형을 이루는 시기이며, 경탄스럽도록 에너지가 효율적인 때라고 한다. 리더(Leader)를 하기에도 가장 적합한 나이이기도 하다.

또한 뇌는 쓰면 쓸수록 똑똑해진다. 지속적인 자극에 의해 크기도 커지고, 연결점도 많아지기 때문이다. 뇌 과학계의 정설이다. 남성은 50대 중반, 여성은 60대 이후에도 지능은 계속 상승하는 것으로 알려져 있다.(출처: 〈주간조선〉, "중년의 뇌가 가장 똑똑하다", 2017년 2461호)

그러니 중년 혹은 노년이 되었다고 고개 숙일 필요 없다. 우리는 다양한 사람들과 어울려 살아가고 있다. 취미, 식성, 성격, 습관, 문화, 언어 등 많은 요소들이 다르다. 우리는 자신의 취미나 성격이 다르다고 타인에게 주눅 들지는 않는다. 나이도 마찬가지다. 그냥 다른 모습일 뿐이다. 취향이나 성격이 다르듯이, 나이도 다름으로 인정하면 된다. 수직선상이 아닌 수평선상에 있는 다양한 차이들 중에 하나로 인식하는 것이다. 그렇게 서로에게 있는 지혜와 경험을 공유하고 보완하며 어울려 살아가는 것이다. 그것이 아름답고 조화로운 사회가 아닐까?

5

내 깜냥은 내가 만든다

나는 9급 공채로 공무원이 되었다. 앞에서도 언급했다시피 9급 공무원 시험은 총 5과목으로 이루어져 있다. 5과목을 공부해 공채 시험에 합격해 들어오면 9급 공무원이 된다. 그러나 애초에 7급 공무원을 목표로 공부하는 사람들도 많이 있다. 총 7과목을 공부해 합격하면 처음부터 7급 공무원이 되는 것이다. 그러나 지자체에서 선발하려는 7급 공무원 수는 매우 적다. 내가 속한 지방정부는 거의 매년 1명을 선발한다.

보통 9급에서 7급으로 승진하려면 최저 근무연수가 4년이다. 9급에서 8급까지 2년, 8급에서 7급까지 2년이다. 4년이 지나면 9급에서 7급으로 승진이 가능해진다. 물론 말 그대로 최저 근무연수가 그렇다는 것이지 모든 사람들이 그렇게 승진한다는 의미는 아니다. 제일 빠른 사람이 4년 만에 한다는 의미다. 뒤처지면 빨리 승진한 동기보다 2년 정도까지도 늦어질 수 있다.

시험을 준비할 때 9급을 할지, 7급을 할지는 본인의 상황이나 능력에 따라 선택한다. 시험 준비 기간에 2과목을 더 공부한다는 것은 부담이 크다. 합격 가능성이 그만큼 낮아질 수 있다. 시험공부 시간이 더 오래 걸릴 수도 있다. 오히려 5과목 공부해서 빨리 합격한 다음 입직하여 돈도 벌고 4년 정도의 실무도 쌓아 7급이 되는 것이 실속 있는 선택이 될 수도 있다.

나도 7급을 고민해보지 않은 것은 아니다. 그러나 공무원 시험공부 기간이 길어지면 자존감이 그에 따라 많이 낮아진다. 하루 종일 앉아 있어 건강도 악화된다. 그래서 나는 7급 준비 대신에 9급 합격으로 우선 시간을 단축하고 실무로 다져지는 4년을 선택했다. 7급으로 공직에 들어오면 처음에는 출발점이 빠를 것이라 생각할 것이다. 그러나 7급이란 모름지기 업무에 어느 정도 익숙한 중간 직위라는 인식이 깔려 있다. 그 인식에 걸맞은 능력을 갖추려면 실무 경험이 바탕이 돼야 한다. 9급, 8급에서 시행착오와 다양한 업무를 경험하고 7급이 되는 것이 가장 좋은 길이라고 판단했다. 결과적으로 잘한 선택이라 생각한다.

아무튼 이렇게 공무원 시험에 합격했다면 9급 공무원은 과연 무슨 일을 할까? 지방직 9급 공무원은 지자체 행정의 최일선에서 일한다. 어느 동의 동장님은 민원실에서 근무하는 직원들을 '총알받이'라며 그들의 노고를 치하하기도 했다. 누구보다 먼저 민원인과 마주하여 일한다는 의미이다. 물론 최일선이 9급 공무원으로만 구성되어 있는 것은 아니다. 그러면 맨 앞에서 민원인을 대하는 일은 구체적으로 어떤 것들이 있을까?

먼저 민원계에서 담당하는 주민등록 등의 업무, 산업계에서 담당하는 쓰레기 수거와 처리 및 상·하수도, 도로 보수 등이 그것이다. 이는 지방정부가 예산을 전액 부담하는 지방자치 업무라고도 할 수 있다.

그 외에도 국민기초생활보장 업무가 있다. 보통 사회복지 직렬의 공무원이 그 일을 맡는다. 생활이 어려운 주민과 상담하고 수혜자를 선정하는 업무이다. 물론 관련 법 규정과 중앙정부의 지침에 따라 일한다. 기초생활보장 업무 외에도 보건소 관련 업무, 감염병 예방, 재해구호 등 일일이 나열할 수 없이 많이 있다. 이는 지방정부와 중앙정부가 공동으로 예산을 부담한다.

마지막으로 중앙정부가 모든 예산을 부담하고 지방정부는 중앙정부의 일선 기관처럼 하는 일이 있다. 선거 업무가 대표적이다. 시민들은 그 일을 보통 선거관리위원회에서 하는 줄 안다. 그러나 선거 당일에 투표소에서 일하는 사람들은 모두 지방정부의 공무원들이다. 그 외에도 투표일 전부터 선거인 명부 출력, 선거후보 전단지 봉투 작업 및 봉투 발송, 벽보 붙이기 등 투표의 모든 것을 다한다고 보면 된다.

예산의 출처 여하에 관계없이 지방직 공무원은 모두 다 자기 일처럼 일한다. 업무를 처리할 때마다 이 일은 원래 누구의 일이냐를 일일이 따지는 사람도 없을 뿐더러 안다고 달라지는 것도 없다. 그렇다고 하더라도 중앙정부의 일을 지방직 공무원에게 위임하면서 부하 직원 대하듯 고압적인 태도로 대한다면 곤란하다. 실제로 선거 업무를 하면서 그런 모습을 본 적이 있다. 그것은 지방자치 시대에 걸맞지 않다고 생각한다.

아무튼 그렇게 9급 공무원이 되고 보니 갖춰야 할 자질이 한두 가지가 아니었다. 한글은 물론이고 엑셀도 기본적으로 사용할 줄 알아야 한다. 각종 축제나 행사를 담당하게 되면 심의위원회를 열어 프리젠테이션도 해야 한다. 발표 자료는 파워포인트로 작성한다. 또한 각종 보고서를 작성하려면 어휘와 글쓰기 능력도 기본적으로 갖춰야 한다. 그리고 모든 업무에 가장 기본인 법령도 꿰고 있어야 한다.

공무원이 되기 전, 나는 한 번도 사무직 일을 해본 적이 없다. 영어 강

사를 했지만 거의 다 교재를 바탕으로 수업을 했으니 컴퓨터 활용 능력
이 거의 필요 없었다. 그러니 공무원이 되자마자 갖춰야 할 능력은 일하
면서 배울 수밖에 없었다. 더군다나 상대적으로 컴퓨터와 친하지 않은
중년의 나이었으니 애로사항은 이루 말할 수 없었다. 그러나 주사위는
던져졌고 업무는 처리해야 했다.

알다시피 신규 공무원으로 입직을 해도, 제대로 하나하나 배울 시간이
따로 주어지지 않는다. 임용되면 당장 다음날부터 현장에 던져져 일해야
한다. 민원인과 맞닥뜨려야 한다. 매일 도청에서, 혹은 타 기관, 타 부서
에서 날라오는 공문을 받아 처리해야 한다. 예산을 집행해야 하고 보고
서도 써야 한다.

신규 공무원마다 차이는 있다. 복불복이다. 신규가 뭘 알겠냐며 한 달
이상 복무 기안만 올리고 서류 정리만 하는 등 편하게 지냈던 동기도 있
었다. 부서장을 잘 만났든지, 아님 팀장을 잘 만난 것이리라. 이런 얘기
를 내가 신규였을 때 들었다면 상대적인 박탈감으로 더 힘들었을 것 같
다. 다행히 7급 공무원이 되어서야 들었으니 감사할 뿐이다.

어쨌든 내게는 그런 행운은 없었기에 피터지게 열심히 하는 수밖에 없
었다. 부서 자체가 워낙 바쁜 곳이라 다른 선배 공무원들도 여유가 없어

보였다. 그래서 최대한 두 번을 묻지 않기로 나름 결심했다. 물어도 가르쳐주지 않는 선배들도 있었기에 한 번 가르쳐주는 것만으로도 감지덕지해야 했다.

"지금 그 일을 할 거니까 배우려면 지금 보세요."라고 사수의 얘기가 떨어지면 나는 녹음을 했다. 바쁘니까 메모할 시간을 감안해주지 않았기 때문이다. 선배는 평소 일하는 속도대로 했다. 녹음은 한계가 있었다. 처리를 하고 있는 시스템의 화면을 담지 못하기 때문이었다. 그래서 녹음 사이사이 또 컴퓨터 화면을 찍어야 했다. 그렇게 하루를 정신없이 보내고 저녁 늦게 퇴근했다. 퇴근 후 집에서 녹음한 내용과 사진을 보며 업무 노트에 정리했다.

그렇게 정리한 노트들이 아직도 책상 서랍에 있다. 인사이동을 할 때마다 들고 다니는 나의 분신이다. 지금 생각하면 참 눈물겨운 노력이었다. 그때의 습관이 남아 있어 지금도 뭔가를 새로 알게 되면 반드시 메모를 한다. 예전처럼 노트에 하지 않고 컴퓨터 업무별 파일에 저장한다. 그리고 인사이동 때마다 컴퓨터로 옮겨 가지고 간다. 물론 업무 상황에 따라 두 번 이상 물어야 할 예외사항도 있다. 그러나 한 번 배운 것은 두 번은 묻지 않으려는 나의 노력이다. 이것이 가르쳐준 사람에 대한 나의 최소한의 예의라고 생각했다. 소중한 시간을 내어 가르쳐준 것을 그냥 흘려버리고 같은 상황에서 또 묻지 않으려는 감사의 표시 방식이라 해두자.

업무를 배울 때 또 하나 지키는 것이 있다. '이해'이다. 신규 공무원으로 처음 시청에 발령이 났을 때는 워낙 배울 수 있는 분위기가 아니었다. 앞에서도 언급했다시피 그냥 폭포처럼 내 앞에 떨어지는 일들을 쳐내는 것이 급선무였다. 그래서 '이해'는 고사하고 순간순간 물어가며 일을 쳐내느라 혼이 빠진 상황이었다. 그래서 업무 노트에 어떻게든 메모하면서 1년 넘게 일을 했지만 내 것이 되지 않았다. 업무를 이해하지 못하고 피상적으로 처리했던 것은 기억 속에도 오래 남아 있지 않았다.

그래서 지금은 어떤 일을 배울 때는 항상 먼저 이해를 하려고 애쓴다. 업무의 배경과 흐름을 알아야 내 것이 된다. 그리고 그것이 다른 업무를 배울 때 다시 발판이 되어준다. 행정직은 어차피 자신이 소속된 지자체의 대부분의 업무를 거친다고 봐야 한다. 운이 좋아서 몇 군데만 한다고 해도 모든 일은 연결된 고리가 있다. 그 고리를 타고 가면 또 다른 일은 쉽게 터득할 수 있다. 그러면 전체를 보는 눈도 생긴다. 민원인에게도 적극적 행정을 펼칠 수 있게 된다.

개인적으로 좋아하는 배우이자 영화감독인 클린트 이스트우드가 이런 말을 했다.

"당신의 노력을 존중하라, 그리고 그런 자신을 존중하라. 자존감은 자제력을 낳는다. 이 둘을 겸비하면 진정한 힘을 갖게 된다." 즉, 스스로 주어진 상황에서 최선을 다하고 노력하고 있다면 자신을 칭찬해주라. 나를 가장 잘 아는 것도 나이고 나를 멋지게 변화시킬 수 있는 사람도 나뿐이다. 나만의 장점을 발굴하고 깜냥을 키우고 있다면 자신을 최고로 대우하라. 그러면 진짜 최고가 되어 있을 것이다.

6

공직 생활 방정식, 나는 이렇게 푼다

"편견은 내가 다른 사람을 사랑하지 못하게 하고, 오만은 다른 사람이 나를 사랑하지 못하게 만든다."

— 제인 오스틴,『오만과 편견』중에서

의외로 다이내믹한 공직 사회, 고용이 불안정한 요즘, 신입 9급 공무원은 많은 이들에게 있어 부러움의 대상이다. 그러나 공직에 임용된 지 3년이 되지 않아서 퇴직하는 신입 공무원들이 많다. 또한 극단적인 선택을 하는 공무원의 수도 해마다 증가하고 있다. 내가 소속된 지자체에서도 몇 해 전 30대 공무원이 그런 선택을 하여 충격을 안겨준 일이 있었다. 엄격한 상하 관계, 경직된 조직 문화, 강경하고 감정적인 민원, 낮은 기본급에 반하는 강도 높은 업무들이 주된 원인으로 꼽힌다. 불안한 시대에 선망하는(?) 직업을 가졌다는 이유로 이들은 자신이 겪고 있는 어려움을 하소연할 곳도 없다. 같은 이유로 이들의 아픔이 당연시되어서는 안 된다.

면의 행정복지센터에서 근무할 때의 일이다.

"지금 뭐 하는 거야?"
"공무원이 근무시간에 잠을 자?"

나는 한창 컴퓨터를 보며 공문 처리를 하다가 놀라서 소리가 나는 쪽을 바라보았다. 어떤 아저씨가 핸드폰을 들고 누군가에게 삿대질을 하고 있었다. 그 대상은 다름 아닌 옆 계의 팀장이었다. 그 팀장은 얼굴이 벌게져서 어쩔 줄 몰라 하며 서 있었다. 보통 팀장의 자리는 뒤 쪽에 있다. 그러다 보니 7급 이하 직원들은 굳이 뒤를 돌아보지 않는 한, 팀장이 무엇을 하는지 모른다.

"이 더운 날 시원한 나무 그늘에서 편하게 일하는 것도 모자라 잠이나 자고…. 그러고도 니들이 공무원이야?"
"내 가만 안 둘 기다. 국민청원에 사진이랑 다 올릴 기다."

행정복지센터 안에 나무 그늘이 웬 말이냐 싶을 거다. 내막은 이랬다. 그 남자는 산불감시원 선발에 응시를 했다. 그런데 그에게 '전과'가 있었다. 그것을 담당자가 알았으며 담당자가 알았다는 사실을 본인이 알게 되었다. 누군가에게 소식을 부풀려 전해 들은 그는 자신이 선발되지 못할 것이라고 예단을 한 모양이었다. 요 며칠 전에도 그는 취약계층에게 주는 쓰레기봉투를 전달받는 과정에서 이장과 마찰이 있었고 그것으로 주민센터에 와서 소란을 피운 적이 있었다.

결국 이러저러한 이유로 자신이 산불감시원에 선발되지 않을 것으로 단정짓고 따지러 온 것일 것이다. 그런데 마침 한 팀장이 책상에 엎드려 있는 장면을 목격했으니 옳다 싶어 사진을 찍었을 것이다. 그 일은 여러 직원들과 이장님, 담당자와 대화 끝에 마무리가 되었다.

팀장이 컴퓨터를 보다가 눈이 아파서 잠시 엎드렸을 수도 있고 실제로 잠시 쉬고 싶었을 수도 있다. 하필이면 그가 들어오는 그 순간에 그런 상태였는지 아니면 쭉 자고 있었는지 모른다. 어쨌든 그가 잘못한 것은 아무도 부정할 수 없다.

그런데 민원인은 있지도 않은 '시원한 나무 그늘'이란 표현까지 써가며 공무원을 싸잡아 비난했다. 공무원에 대한 일반인들의 생각을 엿보게 되어 씁쓸했다. 그들은 공무원은 여름에는 시원한 나무 그늘에서, 겨울에는 따뜻한 난로 옆에서 그야말로 신선놀음을 하고 있는 것으로 여기는 것 같다. 바깥세상은 불안한 사회적 분위기와 불황의 터널에서 다들 먹고 살려고 아옹다옹하고 있다. 그에 반해 공무원은 편안한 사무실에 앉아 또박또박 세금만 축내고 있는 존재인 것이다.

"자세히 보아야 예쁘다. 오래 보아야 사랑스럽다. 너도 그렇다."

— 나태주의 시, 「풀꽃」에서

이런 단면이 공무원 모두의 이미지가 될까 우려된다. 어쩌면 그가 가진 공무원에 대한 편견은 애초에 우리가 만들었을 수도 있을 것이다. 그렇다고 '하나를 보면 열을 안다.'라는 식의 판단은 곤란하다. 언제나 열심히 잘하는 다수를 잊어서는 안 된다. 그는 자신이 '전과자'라는 사실 때문에 담당자가 자신에 대해 선입견을 가질 것이라고 지레짐작했다. 물론 담당자가 그런 생각을 하고 있었을 수도 있다. 서로 편견과 오만이라는 벽을 쳐놓고 왜 벽을 쳤냐고 따지는 꼴이다. 그는 '전과자'라는 떼버리고 싶은 명패를 달고 있다. 그래서 자신의 약점을 보이지 않으려고 더 강하게 행동했을 수도 있다. 그 이후로 쉽게 분노를 표출하는 사람은 보면 "나는 상처가 많아요."라고 얘기하는 것처럼 보려고 했다. 그래야 더 그의 내면을 바라보게 되고 이해할 수 있을 것이다.

요즘은 정부를 불신하고 공무원을 한심하게 바라보면서도 문제가 생길 때마다 '정부와 공무원 너희가 해결해야지.' 하는 다소 모순된 논리를 펼치는 시대다. 공무원에게 무한책임, 무한친절을 요구한다. 그러므로 공무원은 단지 일반 직장인의 마인드만 가져서는 부족하다. 민원인이 소란을 피우고 화를 낼 때는 '왜 저 사람이 저럴까?'를 먼저 생각해야 한다. 그 이유가 업무와 아무런 관련이 없고 순전히 그만의 사적인 것이라도 들어봐야 한다. 충분히 다 들은 후에는 공감해야 한다. 문제 해결은 나중이다. 공감만 했는데도 해결되는 경우가 많다. 마음의 거리를 좁히고 들어야 한다. 그 순간 그는 민원인이 아니고 이웃이고 친척이라야 한다. 그래야 제대로 보인다. 공무원이기 때문에 더욱 그렇다.

이런 와중에 공직의 구성원들의 생각도 조금씩 변하고 있다. 예전에는 승진, 보수, 전체를 위한 희생, 끈끈한 인간관계 등을 중시했다. 지금은 칼퇴, 자아실현, 사적인 생활 보장, 개인의 행복 등을 원하고 있다. 임홍택의 『90년대 생이 온다』에서 90년대 생들은 당당히 말한다. "칼퇴는 당연한 거 아닌가요?", "내 휴가를 왜 눈치보고 가야 하나요?"라고.

A: "안녕하세요? ○○○과 A라고 합니다. 주민등록 담당하시죠? 이번에 추진하는 업무에 필요해서 그런데, ○○동의 세대원 수를 좀 알 수 있을까요?"

B: "아, 지금 6시가 다 됐는데요, 퇴근해야 해서요. 내일 전화주시면 고맙겠습니다."

시청에 근무하는 7급 공무원 A와 동에 근무하는 9급 공무원 B가 통화했던 내용이다. 공직에서 일을 하다 보면 시는 읍면동에, 읍면동은 시에, 서로 자료를 요청하기도 하고 협업해서 업무를 처리하기도 한다. 그리고 내 업무지만 상대방에게는 업무가 아닌, 순전히 부탁인 경우도 있다.

B에게 부탁을 하기 위해 전화한 A는 그 순간 많이 당황했다고 한다. 그런 일을 처음 겪어 봐서이기도 하고 90년대 생이었던 B가 너무도 당당하게 말해서이기도 했다. 또한 B의 말이 틀린 게 없었기 때문이기도 했다. 한편으로 괘씸하기도 했지만 또 부럽기도 했다는 것이다. 자신은 신규 공무원 시절 그렇게 해보지 못했기 때문이다.

첨단기술, 새로운 사회 인식, '미투' 같은 사회 운동 등이 구시대적 사고를 보다 신속하게 과거로 밀어내고 있다. 결국에는 현재 떠오르고 있는 규범이 과거의 것을 누르고 주류로 자리 잡게 될 것이다. 그렇다고 지금 당장의 공직 사회가 그렇다는 것은 아니다. 지금은 혼돈의 시기이고 아노미다. 여전히 정부 조직을 지배하고 있는 규범은 뿌리 깊게 버티고 있다. 공직 사회에서도 스마트폰을 비롯한 첨단기술로 효율적으로 일하는 것을 지향한다. 하지만 한편으로 상사와 술 한잔하고 밤늦게까지 남아 일하는 사람을 더 좋아하는 것이 현실이다.

　과도기를 그대로 인정해야 한다. 구시대라고, 너무 형식적이라고 밀어내기 전에, 여러 세대가 혼재하고 있음을 받아들여야 한다. 다름을 인정해야 한다. 상대방을 판단하고 비판하기에 앞서, 소중한 인격체로 배려하고 서로 공감하려는 노력이 있으면 된다. 상호 존중으로 대하며 각자 노력한다면 좀 더 따뜻한 공직 생활이 될 것이다.

7

모든 선배 공무원이 나의 사수다

사수(師授)의 사전적 의미는 '스승에게서 학문이나 기술의 가르침을 받음'이다. 즉, '가르침을 받는다'는 동사의 의미가 강하다. 그러나 실제로 현장에서는 이 단어가 '가르쳐 주는 사람'이란 명사로 주로 쓰인다.

어찌 되었던 '사수'라는 말은 '스승에게서 가르침을 받는다' 혹은 '스승' 자체의 의미로 받아들이면 될 것이다. 현실에서 사용되는 '가르쳐주는 사람'의 의미로 해석하자면 나에게 업무든, 기술이든 배움을 주는 사람은 모두 사수에 해당된다고 본다.

행정직공무원으로 7급이 된 지금, 나는 사수(명사)이기도 하고 여전히 사수(동사)하기도 한다. 배움은 끝이 없기 때문이다. 그러나 처음 공직에 입직했을 때는 하나부터 열까지 배워야 하는 학생의 입장이었다. 마흔다섯이라는 숫자는 잊으려 노력했고 이전에 가졌던 직업의 색깔은 지워버렸다. 물론 배움이 깊어지고 그것이 온전히 내 것이 되면 자신의 방식과 색깔을 소환해도 무난하리라. 아무튼 조직생활에 대해서는 백지나 마찬가지였으므로 나는 모든 것을 배울 준비가 되어 있었다. 그리고 언제나 배움은 내게 설렘이었다.

'배우려는 마음이 있어야 신이 스승을 보낸다.'

— 인도의 속담

SBS 시사 · 교양 프로그램 〈세상을 바꾸는 15분, 세바시〉의 강연가로 알게 된 김창옥 교수가 강의에서 인용했던 말이다. 아무리 훌륭한 스승이 있어도 배우려는 자세가 되어 있지 않다면 스승이 있어도 스승임을 몰라본다. 반면 그다지 훌륭하지 않은 스승이라도 제자가 배우고자 하는 마음이 크고 간절하다면 그 스승의 가르침은 크고 소중한 것이 된다. 즉 배움에 대한 자세가 무엇보다 중요하다.

유니참(Unicharm)은 50년째 어머니와 여성들로부터 가장 사랑받는 기업 중의 하나이다. 그 비결은 이 회사 대표 다카하라 게이치의 꾸준하고 성실한 배움의 자세에서 찾아볼 수 있다. 그의 '배움의 자세를 유지하는 노하우'를 살펴보면 이렇다.

첫째, 일생 동안 배움의 자세를 잊지 않고 지속적으로 공부하는 사람은 영원한 젊은이다. 우리 삶은 죽을 때까지 배움의 연속이다. 계속해서 뭔가가 되기 위한 과정이다. 따라서 평생 배우는 학생으로서의 겸허함과 기개를 가지고 살아야 한다.

둘째, 만나는 모든 사람, 마주치는 모든 것이 나의 스승이다. 순수한 배움의 자세로 다른 사람들로부터 배워 내 역량의 분모를 키워야 한다. 컴퓨터를 다루는 방법을 후배에게 배웠다면 그가 바로 나의 스승이다. 훌륭한 요리법을 친구에게 배웠다면, 그녀 또한 나의 스승이다. 길을 가르쳐 준 동네 아저씨가 있다면, 그도 나의 스승인 것이다. 결국 살아가면서 만나는 모든 사람이 스승이다. 내가 경험하지 못한 그들의 지혜나 감정을 체험할 수 있다. 따라서 모든 타인은 나에게 유익한 교재이자 지혜의 원천이다.

셋째, 아랫사람에게 묻는 것을 부끄러워하지 말자. 자기보다 어린사람, 지위가 낮은 사람, 능력이 모자란 사람 등 그들의 의견에 겸허하게 귀 기울여라. 배움의 자세를 유지하라. 낮은 자세로 배워라. 그래야 소중하고 귀하게 배울 수 있다. 공직에서의 '사수'는 내 업무를 담당했던 전임자다. 급수와는 상관없이 직속 선배로 생각하면 무리가 없을 것이다. 처음에 아무것도 모르는 신규 직원에게 그의 영향력은 매우 크다. 그가 일하는 방식, 태도, 조직생활에 대한 마인드, 자기 직업에 대한 가치관, 심지어 개인적인 성향까지도 영향을 미칠 수 있다.

나의 첫 사수는 시보(6개월간의 수습 기간)를 갓 뗀 9급 공무원이었다. 그녀의 사수도 9급 공무원이었다. 사수가 9급 공무원인 것과 7급 공무원일 때의 차이점이 있을까? 매우 크다. 일반적으로 시보를 갓 뗀 9급 공무원은 사실 입직한 기간만큼이나 아는 것이 한정되어 있다. 1년은 공직의 모든 업무를 알아볼 수 있는 최소의 시간이다. 그 시간을 지내보지 않았으므로 공직사회가 어떻게 돌아가는지에 대한 그림을 그릴 수 없다. 전체 흐름을 안다는 것은 업무를 수행할 때 매우 중요하다. 업무의 정확한 목적이나 위치를 파악할 수 있다. 더 효율적으로 일처리를 할 수 있게 된다. 그러니 9급 공무원이 사수라면, 업무적인 스킬은 물론이고 조직생활에 필요한 지혜나 정보도 부족할 수밖에 없다.

사수가 7급이라면 어떨까? 근래에는 9급에서 7급까지 승진하는 데에 빠르면 4~5년, 늦으면 6~8년 걸린다. 승진 기간이 예전보다 짧아졌다. 그러나 내가 신규 직원으로 입직했을 때는 7급 선배 공무원들이 7급으로 승진하는 데 소요되는 기간은 보통 10여년이 걸렸다고 한다. 10년이면 공직의 일상을 꿰기에는 충분한 시간이다.

연간 일어나는 공직 생활의 흐름을 잘 알고 있을 것이다. 여러 업무를 두루 거쳐보았다. 다양한 민원인을 직·간접적으로 경험했다. 조직의 생리도 몸에 익숙해졌을 것이다. 예상치 못한 문제가 생겨도 노련하게 처리할 수 있을 것이다. 물론 이 모든 것은 표준적인 7급 공무원에 대한 이미지이다. 결론적으로 사수가 공직에서 경험이 많고 다양한 업무에 익숙할수록 제대로 배울 수 있을 가능성이 크다는 얘기다.

또한 보통 사수가 신규 직원에게 업무를 가르친다는 것은 이미 그것은 자신의 업무가 아니다. 사수는 자신의 업무를 신규 직원에게 인계하고 새로운 업무를 인수받게 된다. 자신이 맡을 일을 배우면서 동시에 업무를 가르쳐야 하는 상황이다. 그러다 보면 대개 자신의 일을 배우느라 가르치는 데에 집중하기가 힘들다. 더군다나 서로에게 주어진 시간은 짧다. 단 며칠이다. 하루 이틀 만에 이루어지기도 한다. 그 시간 안에 다 가르친다는 것은 불가능하다.

그러나 걱정할 필요는 없다. 내게 사수는 그 한 사람 외에도 많다. 내가 어떤 직원을 사수로 찍었다면 그날로 그, 혹은 그녀는 나의 사수가 된다. 당사자는 모르겠지만 말이다.

업무 외에도 배울 수 있는 것들은 널렸다. 나와 같이 조직생활에서의 경험이 전혀 없는 사람은 먼저 온 선배들의 상황에 따른 행동 방식, 말투, 의상 스타일, 업무 처리 방식 등 모든 것이 새롭다. 그렇다고 모든 것을 있는 그대로 흡수해서는 안 된다. 나만의 필터로 걸러야 한다. '저렇게 해야지'와 '저렇게는 하지 말아야지'로 분류할 줄 알아야 한다.

업무를 막 시작할 무렵에 예산 편성에 대해 잘 이해하지 못했다. 타부서에서 직접 찾아와 업무를 가르쳐주신 계장님도 계셨다. 그런 일은 공직에서 매우 드문 일이다. 나는 그분에게서 부하직원에 대한 따뜻한 리더십을 배울 수 있었다.

잘못된 행동을 보면서 '반면교사(反面教師)'로 삼을 만한 경우도 많다. 드문 경우지만 젊은 직원 중에 업무에 대해 물으면 냉랭하다 못해 모욕을 느끼게 하는 선배도 있었다.

자신과 맞지 않는다고 한 직원을 왕따 시키는 선배 공무원을 종종 볼 수 있었다. 그(녀)는 거부하지 못하는 아랫사람들을 동원해 수적으로 상대를 고립시킨다. 그런 모습을 보면 나는 지레 '아들은 직장에서 저렇게 하지 않겠지?' 하며 걱정한다. 그렇게 나를 돌아보게 되니 이 또한 나의 사수다.

선한 영향력이 선함을 낳고 악한 영향력은 악함을 낳는다. 그러나 악한 것도 자신만의 망막으로 거른다면 훌륭한 교훈이 될 수 있다. '세 사람이 길을 걸어가면 그중에 나의 스승이 있다.'는 공자의 말씀처럼.

사람은 누구나 다른 환경에서 살아간다. 똑같은 상황이라도 독특한 방식으로 세상을 해석하기도 한다. 아무데서나 세 사람만 모이면 내가 생각하지 못한 이야기나 경험을 얻을 수 있게 마련이다. 『탈무드』에 '만나는 사람 모두에게서 무엇인가를 배울 수 있는 사람, 마주치는 모든 사물에게서 무엇인가를 배울 줄 아는 사람이 세상에서 가장 현명하다.'는 말이 있다.

현재 내게는 최고의 인생 사수가 있다. 네이버 카페 〈한국책쓰기1인창업코칭협회〉(이하 한책협)의 김태광 대표이다. 그는 20대부터 25년간 250권의 책을 출간하고 10년간 1,100명의 평범한 사람들을 작가로 만들었다. 또한 '성공해서 책을 쓰는 것이 아니라 책을 써야 성공한다.'는 가치관으로 많은 사람들에게 영감을 주고 있다. 실제로 '책쓰기 과정'을 들은 사람들 대부분이 1달도 안 되어 출판사와 계약을 한다. 나도 2021년 4

월 11일 5주차 수업을 마치고 5월 초에 출판사와 계약을 했다. 그리고 이렇게 책을 쓰고 있다.

그는 책 쓰기뿐만 아니라 우주의 법칙이나 인간의 근원적 의식 성장에 탁월한 식견을 갖고 있다. 긍정적인 에너지와 의식으로 책 쓰기는 기본이고 내 꿈을 펼칠 수 있도록 이끌어주는 전인격적인 사수다. 사람은 죽을 때까지 천천히 성장해가는 존재다. 평생을 배워야 하는 학생이다. 당신이 배우려는 마음으로 충만하다면 세상은 온통 스승이다.

8

조직은 가끔 침묵으로도 때린다

"멈추세요! 아직 이륙허가를 받지 않았잖아요."

관제탑의 이륙허가도 없이 항공기를 출발시키는 기장을 보고 KLM기 부기장이 다급하게 말했다.

"나도 알아! 자네가 관제탑에 물어봐."

기장은 짜증이 섞인 목소리로 대답했다.

"관제탑 나와라 오버! KLM4805기는 현재 이륙 중이다. 오버!"

이 교신 내용을 팬암기의 부기장이 들었다. 그리고는

"관제탑! 관제탑! 팬암(PAN AM)1736기 부기장이다! 우리 비행기는 아직 활주로에 있다! 오버!" 하고 다급하게 외쳤다.

"알겠다. 오버!"

팬암기 부조종사가 관제탑으로부터 들은 것은 '지지직' 하는 소리와 함께 이게 다였다.

이때 하필 '헤테로다인(heterodyne)' 현상이 발생한다. 이는 복수의 교신으로 전파간섭이 일어나 신호잡음으로 인해 실제 말한 내용이 전달되지 않는 현상이다. 이 헤테로다인 현상으로 KLM기와 팬암기 조종실에는 "OK!"만 들리게 된 것이었다.

스페인 카나리아 제도 테네리페섬의 로스 로데오 공항에서 네덜란드 KLM 항공기와 미국 팬암 항공기가 충돌하기 전 있었던 대화 내용이다. 그 당시 두 항공기가 이륙하기 위해 활주로에 차례를 기다리고 있었다. 그런데 KLM기의 반잔텐 기장이 위압적이고 무리한 결정으로 이륙을 시도했다. 게다가 관제탑과의 교신도 제대로 이뤄지지 않았다. 그 결과 두 항공기는 안개가 심했던 활주로에서 충돌하게 되었다. 이 사고로 탑승객과 승무원 644명 중 583명이 사망하고 60명이 부상당했다. 항공 사고 사상 최악의 인명 사고를 기록했다.

그런데 KLM기 기장은 왜 그렇게 이륙을 서둘렀을까? 그가 그렇게 급하게 이륙하지만 않았더라도 600명에 달하는 희생자는 없었을 것이다. 그 당시 추측되었던 요인들은 이랬다. 네덜란드 항공 규정에 비행시간이

지연되면 기장, 부기장에게 불이익이 갔다. 심하면 자격정지까지 내려질 수 있었다고 한다. 그러니 기장들은 비행시간이 지체되지 않도록 부단히 노력을 했을 것이다.

또한 KLM의 위계질서는 지나치게 엄격했다고 한다. 당시에도 부기장과 기관사는 기장의 잘못된 행동을 인지하고 바로 잡으려 했다. 그러나 돌아온 대답은 "기장인 내 결정에 이의를 달지 마라."였다. 그들의 의견은 묵살됐다. 이것만 봐도 그 조직의 강압적인 분위기를 추측해볼 수 있다.

이 사고 이후 국제항공 조직은 비행에 관련된 용어를 표준화하도록 권장하였다. 또한 기장과 부기장 간의 수직적 의사결정에서 상호 합의에 의한 의사결정으로 방향을 전환하게 되었다.

스페인 페네리페섬에서 있었던 이 사고와 오버랩되는 사건이 우리나라에도 있었다. 2014년 4월 16일에 있었던 '세월호 침몰사고'이다. 벌써 7년이 지났다는 것이 무색할 정도로 아직도 그 당시의 매스컴에 비쳤던 장면들이 생생하게 떠오른다. 그만큼 온 국민을 일시적 집단공황 상태에 빠뜨렸던 사고였다.

당시에 조직에서 일상화된 무사안일, 복지부동 등 낡은 관행들이 사고의 큰 원인으로 추정되었다. 또한 『한국행정학보』의 『공공조직의 문화가 조직침묵에 미치는 영향』에서는 이렇게 얘기한다. 그 기저에는 '조직침묵'이라는 요소가 자리하고 있다. '조직침묵'이란 '직무환경을 발전시킬 수 있는 정보, 견해, 발언, 아이디어 등을 의도적으로 표현하지 않는 것'이라 정의한다. 당연히 업무수행 과정에서 소통과 아이디어는 차단된다. 조직 내 비도덕적 관행도 묵인하는 결과가 초래된다. 이러한 부정적 결과가 공공영역에서 일어날 경우에는 그 파급 효과가 엄청나게 커진다.

그렇다면 왜 조직의 구성원들은 침묵을 하는 것일까?

첫째, 환경적 요인을 들 수 있다. 그들이 속한 조직 문화에 따라 그 정도가 다를 것이다. 조직은 보통 권위적이고 위계질서가 중시된다. 또한 최고 관리자의 결정으로 움직인다. 직원들은 자신의 의견은 채택되지 않을 거라는 확신에 발언을 체념한다. 이것이 침묵으로 연결된다.

실제로 공직에서도 회의를 자주 한다. 각 팀별로 주요 업무를 발표한 후 보고사항이 끝나면 부서장은 건의사항이나 요구사항을 말해보라고 한다. 그러나 그 고요하고 무거운 공기가 감도는 분위기에서 서로 눈치만 볼 뿐, 말 한마디 하는 사람은 없다. 이미 구성원들은 발언 후의 결과를 알고 있거나 추측하기 때문이다.

둘째, 성과에 대한 객관적 보상이 어렵다는 공공조직의 특징 때문이다.

직위는 한정되어 있으므로 승진과 보상에 대한 과도한 대립, 갈등, 경쟁이 나타날 가능성이 높다. 이 과정에서 구성원들의 지극히 이기적인 행동이 나타난다. 은밀하게 또는 공공연하게 행해지는 조직 내의 정치는 일반적이다. 개인의 이익을 추구하기 위해 상관의 지시에 순응한다. 자신에게 손해되는 행동은 하지 않는다. 자신을 방어해야 한다. 그 일이 누군가 소수에게 불합리한 일이라 해도, 주도하는 상사가 포함된 무리에 편승한다. 이렇게 조직의 침묵은 소수의 누군가에게는 폭력이 될 수 있다.

셋째, 관계지향적인 또는 족벌 연고주의 조직 문화에서 구성원들은 서로 대면갈등을 회피하려고 한다. 공무원은 정기적으로 연 2회 전보발령이 있다. 순환근무를 한다. 보통 2년마다, 빠르면 3~6개월 사이에도 근무 부서나 업무가 바뀐다. 예전부터 공무원의 전문성 향상을 위해 순환근무의 문제에 대한 대책이 논의되었다. 그러나 여전히 변한 것은 없다. 이렇다 보니 한 지자체 내에서 직원들은 서로 '만났다 헤어졌다'를 반복하는 경우가 다반사다. 아직 안 본 동료는 있어도 한 번만 본 동료는 없게 된다. 언제 어느 부서에서 또 만날지 모를 동료나 상사와 갈등을 일으키고 싶지 않다.

"오늘은 아무도 죽지 않는다."

― 영화 〈허드슨 강의 기적〉에서 설리

클린트 이스트우드 감독에 톰 행크스 주연의 영화 〈허드슨 강의 기적〉
을 본 적이 있는가? 영화는 악몽에서 깨어나는 중년 남성의 모습으로 시
작한다. 이륙한 지 얼마 되지 않은 비행기가 새떼와 충돌해 양쪽 엔진이
멈춰버린다. 비상착륙을 시도하던 중 비행기 안의 사람들은 전부 사망한
다. 이것은 악몽 속 장면이다.

'모두 하나로 기적을 이루는 데 걸린 시간은 단 24분이다.'

이는 설렌버거 3세의 실화를 다룬 영화다. 기장과 부기장은 양쪽 엔진
이 버드 스트라이크(Bird Strike)로 모두 망가진 비행기를 허드슨 강에
착륙시킨다. 그 상태로는 회항하기 불가능하다고 판단했다. 승객은 전원
구출됐다. 승객 전원이 생존했음에도 불구하고 매스컴과 조사관들은 기
장의 판단을 논란거리로 삼는다. 공청회의 도마에 오른 그의 결단은 결
국 옳았음이 증명되었다.

위기의 순간에 설리 기장이 한 냉철한 판단과 침착한 대응은 놀라웠다.
더욱이 그는 승객들의 안전한 구조를 위해 앞장서고 맨 나중까지 기내에
남아 있는 사람이 있는지 확인한다. 승객들이 모두 구조된 후에도 생존
인원을 파악하는 치밀함까지 보여준다. 사람의 진가는 위기의 순간에 알
수 있다. 기장은 책임감 있는 사람의 굳은 신념과 행동을 보여준다.

조직은 쉽게 변하지 않는다. 그러나 단 한 사람의 작은 변화만이라도 희망은 있다. 더 이상의 무사안일주의와 낡은 관행은 지양한다. 다시 한 번 '세월호 사건'이 뇌리에 스친다. 진정성을 배제한 조직의 관행적인 문화는 큰 희생을 낳기도 한다. 이런 일련의 일들은 내 일, 공직자로서 나의 태도를 성찰하게 했다. 내 자리에서, 각자의 자리에서 본연의 역할을 성실히 해낸다면 우리도 기적을 만들어낼 수 있을 것이다.

나는 행복한 공무원입니다

제 3장

공무원은 아무도 위로해주지 않는다

1

공무원이 만만해 보여?

1990년대에는 공무원들이 직접 고등학교를 다니면서 공무원 시험을 홍보했다고 한다. 공무원 시험에 지원하는 사람이 적었던 탓이다. 공부 좀 한다는 학생들은 대부분 명문대, 대기업 코스를 밟던 때였다. 아니면 의사, 변호사, 검사 등 일명 '사' 자로 끝나는 전문직에 열광하였다. 그 정도로 공무원은 국민의 관심 밖에 있었다. 그렇다면 그때의 공무원들은 행복했을까?

요즘 공무원 관련 뉴스를 보면 비난하는 내용이 대부분이다. 왜 국민들은 성실하게 국민을 위해 묵묵히 일하는 공무원은 안중에도 없고 늘 소수의 잘못된 공무원을 찾아 싸잡아 비난하는 것일까? 봉사정신으로 열심히 잘하는 것은 왜 당연한 것이고 한 번 잘못하면 기다렸다는 듯이 손가락질을 하는 것일까? 공공의 적이 되어버린 공무원! 이대로 괜찮을까?

"월급이 많고 적음은 그다지 중요한 것 같지는 않아요. 그 월급을 언제까지 받을 수 있느냐가 중요한 것 아닌가요? 대기업을 다니는 선배들이 '굶지 않을 정도라도 길게 다니는 게 꿈!'이라고 말하는 것을 정말 많이 봤어요. 어차피 사기업을 가서 불안에 떠느니, 굶진 않을 정도지만 길게 벌 수 있는 공무원의 길을 택하겠어요."

— 2년째 9급 공무원을 준비하고 있는 김 모 씨(1990년생)

임홍택의 『90년생이 온다』에 나오는 한 공무원 준비생의 이야기다. 책에서는 공무원을 원할 수밖에 없는 불안한 현실에 대해 이야기하지만, 그들의 관점에서 나쁘지 않은 선택인 것은 틀림없다. 그 공무원 준비생의 말처럼 불안에 떨지 않고 길게 한 직장을 다닐 수 있으니 말이다. 그런데 너무 과열 경쟁이 되니 문제다. 내가 좋은 것은 다른 사람도 좋아하니 말이다.

내가 공무원에 합격한 그다음 해였다. 전체 취업준비생 중 약 40%가 공무원을 준비한다는 기사를 본 적이 있다. 2016년도 아주경제신문 기자

강정숙의 기사였다. 연이어 신문, 매체 등에서 '공무원이 꿈인 대한민국 공화국', '비정상적인 사회' 하며 자주 언급이 되었다. 그런 기사를 보며 겁이 나기도 했다.

'공무원을 비난하는 사회', '공무원이 되고 싶은 사회', 이러한 모순은 무엇을 의미하는 것일까? 솔직해져보자. 공무원을 비난하는 그 부분이 자신들이 공무원이 되고 싶은 이유가 아닐까?

사람은 자신이 보고 싶은 대로 본다. 듣고 싶은 대로 듣는 경향이 있다. 공무원과 공무원이 가족인 사람들을 제외하고는 공무원이 어떻게 일하고 지내는지 잘 모른다. 당연한 일이다. 그러니 보이는 대로 보고 남들이 얘기하는 것을 그대로 믿게 된다. 그들이 생각하는 공무원은 무엇일까? 아니 묻지 않아도 뻔하다. 초등학생도 아는 이야기이다.

첫 번째, 스스로 그만두지 않는 한, 잘릴 염려 없다는 것이다. 둘째, 풍족하지는 않지만 매월 꼬박꼬박 나오는 월급과 연금이다. 셋째, 컴퓨터 앞에 앉아 대충 시간 때우다가 땡! 하면 퇴근하는 편한 직장이라는 이미지가 대표적이다.

이에 대해 좀 더 자세히 알아보자.

첫 번째, 사기업에 비하면 잘릴 염려가 덜한 것은 사실이다. 그렇다고 '무조건'은 아니라는 것이다. 공무원도 잘못하면 그에 대한 응징이 있다. 대략 살펴보면 이렇다.

공무원 징계 종류에는 파면, 해임, 강등, 정직, 감봉, 견책이 있다. 파면, 해임은 공무원 신분을 완전히 해제하는 것이다. 강등, 정직, 감봉, 견책은 공무원 신분은 보유하나 신분 및 보수를 일부 제한하는 교정 징계이다. 훈계, 경고, 계고, 주의 등은 문책의 성격을 가진 교정적인 성격이 있다. 징계는 아니다.

징계의 효력을 살펴보면, 파면은 가장 수위가 높은 중징계로 공무원 신분이 박탈된다. 5년간 공무원 응시가 제한된다. 공무원연금은 절반으로 삭감된다.(공무원연금법 시행령 제55조)

해임도 중징계로 공무원 신분에서 제외된다. 3년간 공직에 응시할 수 없다. 연금은 전액 지급된다. 단, 금품, 향응수수, 공금횡령, 유용으로 해임된 경우는 재직 기간이 5년 이상이면 연금도 1/4감액된다.

강등은 공무원 신분은 유지된다. 1계급 내리고 동시에 정직 기간이 3개월이다. 그동안에는 직무에 종사하지 못한다. 정직 기간 3개월을 포함하여 21개월 동안에는 승진이 제한되며 승진소요 최저연수에서 제외된다. 또한 처분기간 중 보수와 각종 수당이 감액된다. 정직은 1계급 내리는 것을 제외하면 강등과 유사하다. 하지만 정직 기간이 1개월부터 있다.

여기까지가 중징계에 해당된다면 감봉은 경징계이다. 보수를 감하는 징계이다. 감봉처분기간+12개월 동안 승진 제한이 있으며, 승진소요 최저연수에서 제외된다. 처분기간 중 보수의 1/3을 감액한다. 각종 수당도 감액되거나 삭감된다.

견책도 경징계 중 하나이다. 6개월간 승진 제한이 있고 승진소요 최저연수에서 제외된다.

이러한 징계는 민원 제기나 보통 자체 감사, 도의 감사, 행정안전부의 감사 등에서 드러난다. 그러나 진짜 감사는 국민의 눈이다. 사방에 매의 눈으로 지켜보는 국민이 있다. 가까이에서 일거수일투족을 감시한다. 자신들의 레이더망에 맘에 들지 않는 공무원이 걸렸다 싶으면 곧장 '동장실', '시장실' 행이다. 혹은 시청 홈페이지나 국민신문고에 게재한다. 이는 업무외적인 사생활로도 이어진다. 직장 밖에서 억울한 일이 있어도, 공무원은 맞대응하여 싸울 수도 없다. 공무원 가족이 되어도 마찬가지다. 그런 면에서 공무원들끼리 하는 말이 있다. '공무원이 죄다!'

둘째, 매월 밀리지 않고 꼬박꼬박 나오는 월급과 공무원연금에 대한 환상이다. 밀리지 않고 나오는 월급은 맞다. 그리고 그것은 사기업이라고 해도 근로자의 당연한 권리이다. 특별한 장점은 아니라는 얘기다. 물론 사기업처럼 파산할 위험이 없기 때문에 안전한 건 사실이다. 그리고 연금에 대해 얘기해보자.

국민연금은 1988년부터 본격적으로 시행되었다. 근로자가 받는 급여에서 4.5%를 납부하게 된다. 사업자가 내는 4.5%를 합하여 9%를 60세까지 납부하게 되는 것이다. 그리고 공무원연금은 1960년부터 시작되었다. 2016년 8%를 시작으로 매년 0.25% 징수료율이 상승하였다. 현재는 기본소득월액의 9%를 납부한다. 사업주 대신 국가가 절반을 납부해준다. 국민연금보다 더 많이 납부하니까 수령하는 금액도 큰 것이 당연하다.

또 다른 점은 국민은 국민연금 외에도 퇴직금을 따로 받는다. 공무원은 퇴직금이 없다. 연금에 포함되어 있다. 결국 절대적으로 비교하면 공무원연금이 더 많지도 않다. 오히려 월급에서 더 많이 내지만 더 많이 받는 구조는 아니라는 얘기다. 국민도 열심히 일을 한다. 공무원들도 열심히 일을 한다. 그들도 국민이다. 국민의 4대 의무를 그 누구보다 소홀히 할 수 없다. 누구든 쉽게 일을 하는 사람은 없다. "남의 떡이 더 커 보인다."라는 속담이 있다. 우리는 무언가를 자꾸 비교하며 남에게서 자신보다 좋은 부분만 찾으려 한다. 장단점을 구분할 수 있는 눈이 있다는 것만으로도 인간은 대단한 존재가 아닐까?

셋째, 과연 공무원은 편안한 직업일까? 우연히 tvN에서 〈유 퀴즈 온 더 블록〉이라는 프로그램을 시청하게 되었다. 부산의 모 행정복지센터에 근무하는 늦깎이 9급 공무원이 그 주인공이었다. 신문사 국장을 역임했다는 그는 50대 후반에 공무원에 합격해 방송 당시 퇴직을 1년 앞두고 있었다. 그는 대학 2학년 때 행정고시를 몇 년 동안 공부했지만 계속 낙방했다고 한다. 그래서 다른 길을 걸어왔다.

퇴직을 한 후, 그는 40년을 돌아 9급 공무원에 응시했다고 한다. 대학생 때 이루지 못했던 꿈을 찾아온 것이다. 결국 그는 합격을 했다. 그는 임용식을 하던 날, 선서문을 낭독하게 되었다. 그리고 '나는 대한민국 공무원입니다.'라는 대목에 감정이 북받쳐 울음이 터졌다고 했다. 그러한 그에게도 공직 생활은 상상 이상으로 힘이 들었던 모양이다. 발령 후 3개월 만에 사표를 냈다고 했다. 그를 보면서 나의 신규 공무원 시절이 떠올랐다. 내가 부서장에게 그만두겠다고 했던 것도 시기가 그와 비슷했다.

40년을 사회의 쓴 맛, 단 맛 다 보았을 인생의 베테랑인 그도, 공직 사회의 매서운 한파가 버거웠나 보다. 자신의 오랜 꿈을 찾았는데 오죽했으면 사표를 냈을까?

공직 생활, 만만하지 않다. 지금 당신이 꾸준히 월급이 나오니까, 혹은 편안한 직업에 안착하려는 마음에, 공무원을 준비하고 있다면 직접 공직 생활의 음지와 양지를 더 알아보았으면 좋겠다. 어떤 일이든, 장점만 있는 것은 없다. 반드시 충분히 알아보고 준비하여 시작하기를 권한다.

2

공직 짬밥은 군대보다 더하다

'짬밥'이라는 단어는 군대에서 시작된 은어다. 그런데 이미 표준어 수
준으로 널리 쓰이고 있다. 짬밥의 표준어는 '잔반'으로 어떻게 군대 밥이
'잔반'이 되었는지는 여러 가지 설이 있다.

첫 번째는 예전에는 밥을 계급 순으로 먹었다. 고참들이 먹고 남은 반
찬을 먹는다고 하여 남은 반찬이란 뜻의 '잔반'이 된 것이다. 두 번째는
군대 밥이 맛이 없어 이것저것 섞어 먹었던 것이 '잔반'과 비슷해 부르게
된 것이다. 마지막으로 워낙 군대에서 나온 밥과 반찬이 맛이 없어 '잔반
이 아닐까?'라는 의구심에 붙여진 것이 그것이다.

얼마나 맛이 없으면 이런 설이 난무했을까? 군대 취사병은 요리 전문

가가 아니다. 요리 자격증을 가진 사람을 뽑았다 해도 몇 명만을 위한 요리와 대량으로 하는 요리는 또 다르다. 여러 번의 시행착오가 있을 가능성이 크다. 그렇게 시작하여 좀 익숙해져서 맛을 좀 낼까 하면 또 새로운 사람으로 바뀔 것이다. 요즘은 민간 조리원을 고용한다고 한다. 그러면 병사들이 순환돼도 어느 정도 맛의 수준을 유지할 수 있을 것이다.

맛없는 급식의 대명사였던 '군대 짬밥'이 탈바꿈한다. '군대리아'는 '군대+롯데리아'의 줄임말로 월 6회 제공되었다. 그런데 한 달에 한번은 '군대리아' 대신 시중에서 판매되는 햄버거가 제공된다고 국방부는 밝혔다. 또한 장병들이 선호하는 닭 강정, 갈비만두 등 메뉴 20여 개도 새롭게 추가된다. 그 외에도 다양한 급식 품목 도입과 개선으로 균형 잡힌 식생활을 도모한단다. 젊은 장병들은 우리나라의 미래다. 그들의 건강한 식생활이 개선된다는 것은 기쁜 소식이다. 군대를 가본 적이 없는 여성들은 당연히 잘 모르지만 남자들은 제대 후에도 군대 짬밥이 그리울 때가 있다고 한다.

짬밥은 늘 짜인 식단대로 나온다. 월급은 정해진 호봉대로 나온다. 진급은 짬밥 수에 따라 이루어진다. "너 짬밥 좀 먹었냐?", "짬 좀 되냐?"는 말은 남자들 사이에서 흔히 하는 얘기다. 그만큼 군 생활을 오래했는가를 물어보는 매우 간결하지만 큰 의미를 담은 말이다. 이렇게 '짬'은 호봉과도 같은 말이 되었다. 말 그대로 경력을 의미한다. 병사의 세계에서 짬, 호봉은 절대적인 의미의 권력의 상징이기도 하다. 예전의 조직 사회, 공직 사회에서도 이런 문화가 그대로 적용되었다.

공직에 처음으로 임용되었을 때, 내 자리는 부서를 들어오는 문 앞이었다. 집으로 치면 현관문 앞에 있는 것이나 마찬가지였다. 나이가 지긋한 선배나 상사들은 나갔다 들어오면서 한 번씩 '공무원 짬밥은 군대보다 더 하대이~'라는 말을 던지며 지나가곤 했다. 그냥 알려주는 것이었을까? 아님 경고의 메시지였을까? 아마도 걱정이었을 것이다. 나이가 많은 신규 공무원이었으니 혹여나 조직 생활의 생리를 모르고 마음 다칠까 우려하는 마음이었을 것이다. 그러나 굳이 말로 가르쳐주지 않아도 되었다. 출근해서 퇴근할 때까지 사무실 일상에서도, 업무 추진 과정에서도, 곳곳에 짬은 존재했다. 보이는 곳이든 보이지 않는 곳이든, 짬의 위력은 건재했기 때문이다.

내가 속해 있던 부서는 업무별로 크게 4계의 계로 분리되어 있다. 부서장을 최측근에서 보필하고 장애인 업무를 맡은 장애인복지계, 노인복지를 담당하는 노인계, 여성 및 청소년을 담당하는 여성 · 청소년계, 유아 및 아동을 담당하는 보육 · 아동계로 이루어져 있었다. 일단 계원들의 자리부터 살펴보면 이렇다.

제일 안쪽으로 계장이 계원들을 바라보는 방향으로 자리를 잡고 있다. 7, 8, 9급이 골고루 구성되어 있기도 하지만 7급, 9급, 9급일 수도 있고 8급, 8급, 9급일 수도 있다. 급수별 구성이 정형화되어 있지는 않다. 계장 바로 옆 자리에는 보통 7급이 자리한다. 즉, 계장을 제외한 평직원들 중 제일 급수가 높은 직원의 자리다. '차석'이란 이름으로도 불린다. 계장의 부재 시 대리하는 자리다. 그다음이 8급, 9급 순으로 앉아 있다. 짬의 순서다.

한번은 이런 일이 있었다. 부서의 서무를 담당하는 직원이 도에 전출 가게 되었다. 그 빈자리를 대신할 7급 공무원이 타 부서에서 왔다. 도에 갈 직원은 아직 한 달은 더 있어야 빠질 예정이었다. 그 한 달 동안 업무를 인수·인계할 요량이었던 모양이다. 빠진 사람이 없으니 비는 자리가 없었다. 새로 온 7급 공무원이 앉을 자리가 필요했다. 결국 우리 계에서 한 달 동안 임시로 있게 되었다.

우리 계에는 내 옆자리, 맨 끝에 여분의 자리가 있었다. 기간제 직원을 뽑으면 그 자리에 앉게 했다. 우리 계에서 유일하게 비어 있던 자리였다. 물론 다른 계에도 빈자리는 있었다. 계 중에서도 우리 계는 말단 계였다. 계도 말단이 있고 주무계가 있다. 나는 말단계의 말단 직원이었다. 그러니 조직에서 불편하고 번거로운 일을 떠맡는 것은 당연했다.

여기에서도 '짬'은 등장한다. 자! 이제 이 직원을 한 달 동안 임시로 앉힐 자리는 어디일까? 당신이 부서장이라면 어디에 앉히겠는가?

결국 그 직원은 7급 바로 옆자리에 앉으라는 결정이 났다. 그러면 7급 옆에 있던 8급과 나는 어떻게 되었을까? 한 자리씩 옆으로 옮겼다. 기간제 직원이 앉던 끝자리는 내 차지가 되었다. 그 한 사람을 위해 두 명이 컴퓨터 책상 위에 있던 짐들과 서랍 속에 모든 물품들을 한 칸씩 옆으로 옮겼다. 한 달을 위해 컴퓨터 안에 있던 모든 업무 관련 데이터들과 함께. 그것이 끝이 아니었다. 7급이 제자리를 찾아가면 우리는 또다시 원래의 자리로 이 모든 것을 옮겨야 했다.

나는 이해할 수 없었다. 너무나도 비효율적인 결정에 나는 할 말을 잃었다. 모든 게 다 짬과 계급 때문이었다. 끝에 앉는다고 7급이 9급이 되는 거 아니고 10년 짬이 3개월짜리가 되는 것도 아니다. 짬에 대한 대우는 지극했다. 짬밥이 안 되면 이 모든 불합리와 비효율적인 처사를 묵묵히 견뎌야 한다. 그러나 요즘은 지각 변동이 일어나 짬밥을 뒤집는 경우도 더러 있다.

직장생활의 꽃은 '승진'이다. 공무원도 마찬가지다. 어쩌면 직장인에게 최고의 보상일 것이다. 보통은 각자의 능력에 따라 승진 여부가 정해진다. 사기업에서는 실적이 수치로 명확하게 드러난다. 능력 여부를 가려내기가 쉽다. 그러나 공직에서 능력의 크고 작음을 평가하기란 여간 어려운 게 아니다. 연공서열(年功序列)의 승진 관행에서 벗어났다고는 하나 '짬'이 여전히 변함없는 큰 틀의 한 줄기로 자리 잡고 있는 이유 중 하나다. 그러나 변화는 시작되었다. 서울이나 수도권에는 성과 위주로 젊은 직원이 경력이 많은 직원을 앞지르는 예가 많다. 변화는 항상 저항에 부딪히지만 일어난 이상 후퇴하지는 않는다.

말 나온 김에 공무원의 승진 제도에 대해 간단히 알아보자.

승진의 종류에는 일반승진, 근속승진, 특별승진이 있다. 특별승진은 말 그대로 특별한 경우이므로 여기서는 다루지 않았다. 일반승진을 하는 데는 승진소요 최저연수가 있다. 이를 경과해야 승진의 자격이 주어진다.

- 4급: 5급으로 3년 이상 재직
- 5급: 6급으로 4년 이상 재직
- 6급: 7급으로 3년 6개월 이상 재직
- 7급: 8급으로 2년 이상 재직
- 8급: 9급으로 1년 6개월 이상 재직

물론 휴직 · 직위해제 · 징계처분기간 등은 이 최저연수에서 제외된다.

근속승진은 일정 기간이 지나면 자동으로 승진되는 것을 말한다. 대상 급수와 소요기간을 보면 7급 : 11년 이상 / 8급 : 7년 이상 / 9급 : 5년 6개월 이상이다. 근속승진을 할 때까지 기다리고 싶은 사람은 없을 것이다. 그만큼 오랜 기간을 요한다.

"경험은 인간에게 일어나는 일이 아니라, 일어나는 일에 대해 인간이 하는 행동이다."

– 올더스 헉슬리

누군가의 경험은 소중하고 훌륭한 교육 소재가 된다. 아인슈타인은 "지식의 원천은 경험"이라고 했다. 율리우스 시저도 "경험이란 모든 것의 스승"이라고 했다. 이런 점에서 볼 때 짬밥, 경험, 경력은 매우 값어치 있는 것이다.

역으로 짬밥이 많이 쌓여 있다면 누구나 존경할 만하다고 장담할 수 있을까? 그렇지 않다. 시간이 흘러 저절로 고참이 되겠거니, 승진이 되겠거니 하며 이를 악용한다면 공직 사회의 발전은 없다. 짬밥이 쌓이는 기간을 헛되이 보내지 않고 배우고 익힌다면 그 경험과 그 직에서의 연륜만큼 산지식은 없을 것이다. 이럴 때 우리는 진정한 공직의 짬밥을 더욱 존중하게 된다.

3

더 이상 철밥통, 워라밸은 없다

"할 일이 아무것도 없는 것은 즐겁지 않다. 할 일이 있는데 아무것도 안 하는 것이 즐거운 것이다."

— 메리 윌슨 리틀

'일'이란 것은 온전히 즐거움만을 위해 수행하지 않는다. 경제적 또는 상징적 가치를 가진다. 육체나 정신적 노력을 수반하는 목적이 있는 인간 활동이다.

사람들 대부분이 그렇듯, 나도 일하는 게 싫다. 그러나 일을 하는 일련의 과정 속에서 자신의 능력이나 개성을 발견할 수 있는 가능성은 좋아한다. 이런 자기계발과 함께 나와 가정의 행복을 위해서는 규칙적인 일이 꼭 필요하다. 좋아하는 일을 하며 경제적인 윤택함도 같이 얻는다면 그거야 말로 최상의 조건이다. 그러나 그런 경우는 매우 드물다. 사람들 대부분이 좋아하는 것과 거리가 먼 일을 하면서도 열심히 살아간다. 그렇더라도 일을 할 때 자신이 정한 개념과 가치를 따르는 사람이 멋있다.

그리고 일에 대해 부정적인 측면을 보기보다는 내가 선택한 일에 대한 긍정적인 시선을 갖는 것이 중요하다. 자신이 일하는 분야에서 최고의 전문가가 되겠다는 생각을 갖는다면 더할 나위 없다. 일에 대한 긍정적인 생각과 제대로 된 취미생활이나 휴식은 일에 대한 능률을 높인다. 또한 직장에서의 생산성도 높인다는 결과치도 나오고 있다.

일에 대한 생각이나 가치관은 세대 간에 조금씩 다를 것이다. 그에 대해 알아보기에 앞서 세대 간의 특징을 먼저 알아보았다.

MZ세대는 1980년대 초~2000년대 초 출생한 '밀레니얼 세대'와 1990년대 중반~2000년대 초반 출생한 'Z세대'를 아우르는 말이다. 2021년 현재 10대 후반에서 30대의 청년층으로 휴대폰, 인터넷 등 디지털 환경에 친숙하다. 이들은 변화에 유연하고 새롭고 이색적인 것을 추구하며, 자신이 좋아하는 것에 쓰는 돈이나 시간을 아끼지 않는 특징이 있다.

80년대 생이 웹 네이티브(Web Native)라면 90년대 생들은 앱 네이티브(App Native)라고 할 수 있다. IT기기 환경과 기술에 능숙한 디지털 원주민(Digital Native)이라고 할 수 있다. 그들은 개인주의적 성향을 보인다. 타인의 인정보다 나 자신에게 맞는 삶의 방식을 선택한다. 가벼운 취향 중심의 사회적 관계를 선호한다. 현실 만족적 성향을 나타낸다. 불투명한 시대적 상황으로 인해 안정성과 실용성을 추구한다.

반면 'X세대'는 1969~1979년 사이에 태어난 사람들, 주로 70년대 생을 말한다. 이 용어는 1991년 캐나다 작가 더글라스 코플랜드(Douglas Coupland)의 소설 『Generation X』에서 기원한다. 'X'는 기성세대와 상당히 이질적이지만 정의 내리기 어려운 세대를 묘사한다. 정치적 이슈에서 벗어나 경제적인 풍요 속에서 각자의 개성을 표현하기를 즐긴다. 적극적인 소비행위를 통해 자신의 존재감을 표현하기도 한다. 소비층으로 부각된 새로운 세대를 일컫기 위해 기업광고에서 주로 사용하기도 했다.

이러한 특징을 토대로 2020년 11월 대구미래교육원이 대구 지역 교사들을 대상으로 설문조사를 했다. 일에 대한 가치관을 알아보려는 목적이었다. 이 조사는 MZ세대 중에서도 90년대 생과 X세대인 70년대 생 교사에게 초점을 맞추었다. 조사 결과를 보니, 70년대 생은 일에 있어서 중요하게 생각하는 것이 '책임감 〉 성취감 〉 수업' 순으로 나타났다. 90년대 생은 '수업 전문성 〉 워라밸 〉 책임감' 순이었다. 즉, 일에서 추구하는 키워드가 달랐음을 알 수 있다.

이제 90년대 생들이 우리 사회의 주역이 되어가고 있다. 앞으로 이들이 사회를 이끌어갈 것이다. 지금 현재 90년대 생들과 같이 일하는 실무자들은 대부분 80년대 생들이다. 공직 사회나 사기업에서 면접을 통해 90년대 생을 뽑는 사람들은 60~70년대 생들일 것이다. 사회는 계속 발전하고 변화한다. 일, 직업에 대한 사람들의 가치관도 그에 따라 변하는 것은 당연하다. 그래서 그 사회의 주역이 생각하는 일에 대한 가치관을 살펴볼 필요가 있었던 것이다.

그런데 그 90년대 생들이 가장 선호하는 직업이 공무원이 되었다. 공무원은 90년대 생들을 비롯한 취업준비생들에게 '저녁이 있는 삶'을 보장받을 수 있는 유일한 창구로 인식되었다.

현실 공무원에 대한 그릇된 추측—예전에 혹시 사실이었다 할지라도 이미 오래 전 일이다—은 수많은 사람들을 창구 앞에서 서성이게 했다. 다행히 운과 실력의 그 어디쯤에서 어렵게 합격했으나 너무 빨리 그만두는 사람들이 점점 더 늘어나고 있다. 공무원이 되고자 했을 때 쏟았던 노력과 기대에 비하면 매우 안타까운 현실이다.

1년 미만 재직 공무원의 자발적 퇴직은 매년 증가 추세이다. 공무원 재직 5년도 되지 않아 퇴직해 퇴직금을 수령한 경우가 최근 5년간 총 2만 8934명으로 집계됐다. 이는 전체 퇴직자의 14.9%를 차지한다. 특히 2019년에는 총 6664명의 공무원이 퇴직한 것으로 조사됐고, 이 중 1년 미만 재직자는 26.5%를 차지했다.

공무원 고충청구에 따른 수리 건수도 해마다 증가한다. 공무원고충 심사는 공무원이 근무조건, 인사관리, 기타 신상문제에 대해 불만이 있는 경우, 책임 있는 인사권자에게 고충 심사청구를 한다. 그러면 책임관은 적절한 해결책을 강구해주는 제도이다.

청구 내용을 살펴보면 승진, 전직, 전보 등 인사가 가장 많고, 봉급, 수당 등 보수에 관한 사항이 이어진다. 또한 갑질, 부당 업무 지시 등의 부적절한 행위가 그 뒤를 이었다. 공무원은 취업난과 함께 이른바 '철밥통'이라 불리며 인기 직업으로 급부상했다. 그런데 힘들다는 고충청구는 말할 것도 없고 조기 퇴직자는 나날이 증가한다.

공무원이 '철밥통'인데다가 '워라밸'을 누릴 수 있는 일이라면 이런 결과가 나올 수 있었을까? 왜 이런 일들이 계속해서 일어나는 걸까? 그것도 매년 늘어나는 추세로 말이다.

이는 목표를 잘못 설정한 탓이다. 아니 내가 원하는 직업이 어떤 건지도 모르고 도전했기 때문이다. 남들이 말하는 업데이트되지 않은 '카더라 통신'만 믿은 탓이다.

많은 사람들이 공무원이 되기 위해 결코 짧지 않은 시간을 바친다. 그렇게 해서 합격했건만 그 기쁨도 잠시 그들이 꿈꿨던 공무원과 현실과의 차이에 두 손 들고 만다. 개인적으로 너무 많은 시간과 노력, 비용의 낭비가 아닌가! 더군다나 꽃다운 나이에 극단적인 선택까지 한다. 이는 개인뿐만 아니라 국가적으로도 심각한 손실이다.

일전에 tvN 〈유 퀴즈 언 더 블록〉에 출연했던 20대의 한 공무원이 떠오른다. 그녀는 카페에서 커피원두를 씹어 먹으면서 공부했다고 했다. 그 얘기를 듣고 공시를 경험했던 나로서는 힘들었던 공무원 준비시간이 일시에 떠올랐었다. 극단적인 선택을 한 그녀에 대해 온갖 추측이 난무하지만 그녀는 이제 어떤 말도 해줄 수 없다.

당신이 자신의 소중한 시간과 노력, 비용을 투자하여 공무원 시험을 준비하고 있다면, 반드시 공무원의 현실과 공직의 문화에 대해 알아보길 바란다. 그것도 꼭 현직에 있는 분들의 얘기를 참고하길 바란다. 주변에 그런 분들이 없다면, 책으로 그들의 생각과 현실을 읽어볼 수도 있다. 요즘은 현직에 몸담고 있는, 혹은 몸담았던 공무원들이 쓴 책을 많이 볼 수 있다. 글은 즉흥적인 말보다 훨씬 감정 정리가 잘 되어 있다. 당신에게 훌륭한 가이드가 되어줄 것이다.

공직 생활의 긍정적인 면과 부정적인 면을 충분히 들여다보아라. 내가 감내할 수 있는 일인가? 나의 열정과 시간을 투자할 가치가 있는가? 이것이 최선인가를 생각해보아라. 나의 평생의 직업이 될 수도 있는 일이다.

"우리는 일을 하는 순간에도 동시에 즐거울 수 있다는 것을 알아야 한다."

— 빌 퀘인

당신이 이미 공무원을 선택했다면 단단히 각오하고 시작하되 즐겼으면 좋겠다. '저녁이 있는 날'도 있을 것이다. 없는 날도 있을 것이다. 우리네 삶이 다 그렇듯 공무원도 '희로애락(喜怒哀樂)'을 모두 품어내야 한다. 부당할 때도 있다. 억울할 때도 있다. 연일 계속되는 과중한 업무로 몸에 이상이 올 때도 있다.

반면 일하는 사이에도 즐거운 일도 있다. 동료들과 행복한 순간도 있을 것이다. 민원인과 사이에서도 보람된 경험도 할 것이다. 일과 즐거움을 굳이 별개로 구분된 시공간에서 누려야 하는 걸까? 일과 휴식을 꼭 분리해야 할까? 자신이 이 일을 즐길 것인가, 힘든 대로 꾸역꾸역 버티기만 할 것인가는 오롯이 자신의 선택에 달려 있다.

4

공무원의 월요일은 천천히 간다

월요병에 대해

'월요병'은 출근이 시작되는 일요일 저녁부터 불면증이나 우울감 등으로 힘들어하는 것이다. 원인을 살펴보면 직장 내에서 과중한 업무로 인한 부담감이 심할 때 생긴다. 혹은 동료들 간의 따돌림이나 소외감 등으로 출근 자체가 고역인 경우도 있다. 물론 이 두 가지 경우가 복합적으로 있는 경우는 최악이라고 할 수 있다.

주요 증상으로는 불면이나 우울, 불안, 대인기피, 회사나 인사 담당자에 대한 적개심 등이 있다. 직장을 관두면 증상이 좋아지나 현실적으로 내리기 힘든 결정이다. 이렇게도 저렇게도 못해 심한 경우 치료가 필요한 경우도 있다. 이런 일을 도와주고 해결해주는 전문 노무사도 있다고 하는 걸 보면 '월요병'은 일부 개인의 문제만은 아닌 것 같다.

직장 외적인 원인도 한몫한다. 즉, 주말의 '휴식리듬'에서 '업무리듬'으로 전환이 쉽지 않기 때문이다. 프로 스포츠 선수가 비시즌에도 다음 시즌을 대비해 꾸준히 준비하듯 휴일을 효율적으로 보낼 필요가 있다. 휴일 밤에 늦게까지 깨어 있지 않도록 한다. 아침에는 늦잠을 자지 않는다. 평소대로 일찍 일어나고 낮잠을 짧게 자는 것이 좋다.

나는 주로 직장 내적인 문제가 원인이었다. '월요병' 증세는 일요일 오후부터 시작되었다. 괜히 짜증이 나고 웃음기가 사라졌다. 신랑도 직장을 다녔지만 직장생활이 처음이었던 내게는 월요일은 소가 '우(牛)시장' 끌려가는 날과 같았다.

그렇게 출근한 월요일 아침 풍경은 늘 비슷했다. 무표정한 얼굴들, 대화 한마디 없는 동료들, 무겁게 내려앉은 사무실 공기……. 어느 누구 하나 말거는 사람이 없다. 그 흔한 날씨 이야기라도.

"이날 사람들은 오전 11시 16분이 되기 전까지는 웃지 않는다. 또 절반에 가까운 직장인들이 지각을 하고, 12분간 이날에 대해 불평을 늘어놓으며, 업무에 집중하는 시간도 3시간 30분밖에 안 된다. 게다가 이날은 일주일 중 가장 자살이 많은데다 심장병이 잦은 날이기도 하다."

여기서 '이날'이란 바로 '월요일'을 말한다. 〈월요병의 10가지 진실〉에 관한 영국 의학저널의 연구 결과다. 영국 의학저널이 분석한 바에 따르면 이날 심장마비 빈도수가 20%나 증가하는 것은 또다시 일터로 돌아가야 한다는 압박감으로 혈압과 스트레스가 높아지기 때문이라고 한다. '직장인의 불치병'으로도 일컬어지는 이 '월요병'에 잘 걸리는 사람들은 주로 45~54세 연령대라고 한다.

월요일은 헬요일?

○○동 행정복지센터의 민원실의 월요일은 차라리 행복(?)하다. 출근하면 센터 가득 민원인들이 먼저 와 기다리고 있다. 휴일인 주말 이틀 동안 밀린 용무를 보기 위해서다. 시골로 갈수록 노인 인구가 많다. 노인들은 일찍 자고 일찍 일어난다. 그러니 공무원들이 일을 시작하는 오전 9시는 그들에게 '대낮'인 셈이다. 조급증을 갖고 기다리는 그들에게 9시 직전에 출근할 때는 왠지 민망하다. 그래서 월요일은 조금 일찍 출발하려고 애쓴다.

민원실 직원들은 월요일에는 연가를 내지 않으려 한다. 누가 시키지 않아도 그날은 피해서 쉰다. 민원이 제일 많은 날 직원 한 명이 빠지면 나머지 직원들이 평소보다 더 고역을 치른다. 민원이 많으면 기다리는 시간이 길어진다. 예민한 민원인은 조금만 기다려도 언성을 높인다. 우리 동 민원실에는 직원이 네 명이 있었다. 네 명의 담당 업무는 정해져 있다. 그러나 웬만하면 네 명 모두의 업무를 익히려고 노력한다. 불시에 어떤 직원이 어떤 일로 업무에서 빠질지 모르기 때문이다. 그때를 대비해 평소에 동료 직원의 일도 같이 본다. 그래서 민원인은 네 명 중 누구에게 줄을 서서 업무를 보든 상관없다.

"아가씨! 아니, 내가 먼저 왔는데, 왜 그쪽부터 해줘요?"
"아~ 죄송합니다. 제가 미처 못 봤습니다."
"여기 번호표 없어요? 번호표?"
"네……."

번호표가 없는 것이 우리 죄인 양 쩔쩔매는 표정을 하게 된다. 우리 잘못이 아니지만 민원인은 국가와 공무원을 일심동체로 볼 때가 있기 때문이다. 여기서 잘잘못을 따지는 것은 의미가 없다. 사실 공무원으로서 번호표도 갖춰놓지 못한 것에 미안한 마음이 들기도 한다.

이처럼 먼저 온 사람이 줄을 잘못 서서 자신보다 늦게 온 사람보다 업무를 늦게 해결하는 경우가 비일비재하다. 그 사람인들 어떻게 알겠는가? 어느 줄이 업무가 빨리 끝날지! 직원들인들 그들의 순서를 어떻게 알겠는가? 업무 처리 중에 한 사람, 한 사람 언제 들어왔는지 쳐다보기는 어렵다. 은행처럼 '띵똥' 번호표가 없기 때문이다.

요즘은 은행에서도 '띵똥' 번호표를 사용하지 않는다. 터치스크린이 입구에 세워져 있다. 업무별로 선택하면 순서가 정해진다. 줄 서 있을 필요가 없다. 모두들 정당하게 순서가 정해지는 줄 알기에 느긋하게 핸드폰을 보며 기다리고 있다. 최첨단 시대에 어울리는 풍경이 아닐까? 그에 비하면 공직 시스템은 아직도 후진적이다. 번호표가 있는 지자체도 많이 있지만 소도시에는 없는 곳도 많다. 번호표가 없는 것에 대한 불만은 예전부터 빈번하게 들렸는데 아직도 시책에 반영이 안 되는 것이 안타깝다.

어찌됐든 내가 재직하던 동 행정복지센터 민원실에는 월요일에 특히 민원이 많다. 그래서 무거운 분위기를 느낄 새가 없다. 정신없이 일하다 보면 월요일, 새로운 주의 시작은 후다닥 지나가기 때문이다. 그러니 다른 날보다 바빠서 우울할 사이도 없다는 것을 차라리 감사(?)해한다.

여유를 잃어가는 직장인들

최근에는 시간과 장소에 구애받지 않고 업무를 볼 수 있다. 스마트폰, 노트북, 태블릿 등 첨단기술의 발달의 수혜다. SNS 등으로 공지사항이나 업무 지시도 이어진다. 실시간으로 올라오는 소식이라 업데이트 될 때마다 바로바로 확인해야 한다. 댓글도 필수다. 그렇지 않으면 정보나 소식에 뒤떨어지게 된다. 이렇듯 업무 외적으로도 신경 쓸 일이 많다. 업무 외에 잠시 짬을 내어 화장실에 가거나 휴식을 해야 할 시간까지 휴대폰을 보게 된다.

게다가 공무원은 연 2회의 정규 인사발령에 수시발령까지 합쳐 인사이동이 잦다. 함께 일하는 동료가 바뀐다는 것은 나머지 직원에게는 부담이다. 자신의 일을 다 해내야 하고 바뀐 동료의 일도 가르쳐주어야 한다. 최소한 한 달 넘게 두 사람 몫을 해야 한다.

이런 환경에서 일하다 보면 불안이 따라다닐 수 있다. 의욕이 줄어드는 것도 어쩔 수 없다. 이런 것들이 쌓이고 쌓여 우울증이 만성이 될 수 있다.

문제의 본질은 정신적인 여유가 없다는 것이다. 따라서 매일 쌓이는 스트레스에 어떻게 대처하는가가 중요하다. 특히 매주 월요일 아침이 다가오는 것이 두렵다면, 스트레스 지수가 높다는 신호이다. 이쯤 되면 문제로 인식해야 한다. '월요병'을 극복하기 위해 적극적으로 대책을 세워야 한다.

『굿바이, 지긋지긋 월요병』의 저자 사사키 켄지는 그의 책에서 이렇게 말한다.

일단 일요일 오후부터 불안감이 엄습한다면 심호흡으로 기분을 진정시켜보자. 그리고 불안한 이유를 명확하게 파악해본다. 막연하게 느껴진다면 종이에 적어보자. 문제를 찾았다면 당장 해결할 수 있는 일인지, 내 능력으로 할 수 있는 일인지 생각해본다. 자기 힘으로 할 수 없다고 판단되면 그에 대한 집착을 버려야 한다. 불안감을 있는 그대로 긍정적으로 받아들인다. 과거의 유사한 성공 경험을 떠올려 본다. 주변에서 역할 모델을 찾아 따라 해본다. 타인의 긍정적인 평가를 그대로 받아들인다. 그리고 마지막으로 불안감을 극복할 수 있다는 자신감을 가지고 의식 전환을 위해 노력한다.

몇 년 전에 "월요병이 심하다면 일요일에 출근해 잠깐 일하면 도움 된다."라는 내용의 뉴스가 있었다. 당시에 사람들은 "말이냐? 막걸리냐?"라며 투덜거렸다.

그러나 어떤 일이 잘 풀리지 않을 때 자신의 반복적인 생활 패턴을 바꿔보는 것도 괜찮을 것 같다. 지금까지 해온 방법을 그대로 밀고 나간다면 현재 상황이 바뀔 가능성은 없다. 제도나 남을 탓하기 전에, 자신이 할 수 있는 것부터 찾아보는 것이다. 자신의 진짜 문제가 무엇인지, 그리고 자신의 어떤 태도가 문제를 만들고 있는지를 객관적으로 인식하는 것이 중요하다.

아침은 하루의 시작이고 월요일은 한 주의 시작이다. 그 시작을 상쾌한 기분으로 맞는다면 참으로 멋진 일일 것이다. 조금씩 의식을 바꾸는 것으로 큰 변화가 찾아올 수 있다. 지금 당장 시작해보자.

행정은 실험이 없다. 공부를 멈추지 마라

"전입할 주소의 세대주가 배우자시네요. 이 주소에 편입하시려면 배우자의 도장이랑 신분증이 필요합니다."

"아니, 내 집에 내가 들어가는데 왜 마누라 도장이 필요하나?"

"전입신고는 세대주의 권한이 큽니다. 소유의 개념과는 다릅니다."

"내가 이 집에 세대주였어요. 개인적인 일로 다른 데 나갔다가 다시 들어오는 건데, 아무리 생각해도 이해가 안 되네. 세대주 허락을 받아야 한다는 규정이 어디에 있어요?"

이쯤 되면 업무지침서나 법을 보여줘야 한다. 이런 일들은 흔하다. 요즘은 민원인들도 똑똑해지고 아는 정보가 많다 보니 규정을 보여주면 보통은 수긍한다. 이런 상황에서 즉각 규정을 보여주려면 평소에 법률과 친해야 한다. 업무와 관련된 법령은 컴퓨터 바탕화면에 잘 보이도록 깔아놓고 수시로 보면서 공부할 수 있어야 한다.

더 중요한 것은 규정을 이해 못 하는 것은 물론 무조건 화부터 내는 민원인을 대할 때의 태도이다. 그럴 때 규정을 찾아 보여주더라도 얄밉게 말하는 것은 금물이다. 최대한 정중하고 시종일관 예의바른 태도를 유지해야 한다. 어떨 때는 말의 내용보다 말하는 사람의 톤이나 감정에 더 예민하게 반응하기 때문이다. 그러나 말이 쉽지, 감정을 컨트롤하기는 쉽지 않다.

관련 교육이나 책을 읽으며 꾸준히 노력해야 한다.

셀레스트 헤들리는 『말센스』에서 "능동적으로 들어라."라고 한다. 능동적으로 듣는 것은 상대의 입장을 이해하기 위해 듣는 것이다. 그러니 상대의 몸짓과 말투를 느껴가며 진심으로 들어야 한다. 그러면 상대도 그 마음을 느끼게 될 것이다. 그래야 더 편안하게 당신에게 이야기할 수 있게 된다. 상대방의 말을 경청한다. 중간중간에 적절한 질문을 던져 상대방이 하고 싶은 얘기를 더 잘 할 수 있게 도와준다.

또한 내가 하고 싶은 말을 참고 상대방의 이야기를 들으면서 의중을 파악하고 호감을 남기는 것이 중요하다. 우리는 상대와 대화를 나누기보다 자신이 하고 싶은 말을 하기에 급급하다. 상대에 대한 이야기에서는 상대가 주인공이 돼야 한다.

전입에 관련된 또 다른 사례를 살펴보자.

7급 승진과 함께 ○○동 행정복지센터에 발령받은 지 얼마 되지 않았을 때이다. 민원인에게 증명서를 발급해주고 있는데 전화가 울렸다. 간단히 정보만 전달해도 되는 전화는 방문 민원업무를 처리하면서 동시에 해결이 가능하다. 그런데 잠깐 얘기를 들어보니 안내만 하고 끝날 사안이 아닌 것 같았다. 주민전산시스템과 보존된 문서를 찾아 확인해야 할 문제였다. 간단한 인적 사항을 물어 받아 적었다. 그리고 처리하던 방문 민원인의 업무를 마무리하고 곧 전화 드리겠다며 전화를 끊었다. 그리고 곧바로 주민전산시스템에서 사실 여부를 확인했다. 문서고에서 당사자가 자필로 작성한 전입신고서를 찾아냈다.

"몇 달 전에 우리 아저씨가 ○○동으로 전입신고를 했는데, 왜 나까지 전입이 된 거예요?"

"전입신고 하실 때 어떻게 하셨지요?"

"우리 아저씨만 하겠다고 했죠. 거기서 전입신고를 잘못해서 '직불금' 못 타먹게 됐으니 어떻게 책임질 거예요?"

"○○○님께서 자필로 작성하신 신고서를 제가 지금 들고 있는데요. 남편분과 배우자 그리고 자녀분까지 세 분 모두 전입하는 걸로 신고하셨습니다."

"그럴 리가요!!"

이분은 내가 이 ○○동으로 발령받기 전, 행정복지센터에 부부가 직접 방문해서 전입신고를 했다. 신고서를 찾아보니 이분의 남편이 자필로 전입대상자에 본인과 배우자, 자녀까지 세대원 모두 이동하는 것으로 전입신고를 했다. 그 사실을 전화로 자세히 알려주었다. 그리고 못 믿으실 것 같으면 센터에 방문해 확인하셔도 된다고 분명한 어투로 말했다. 그제서야 그녀는 목소리 톤을 바꿔서 소급해서 취소해주면 안 되냐고 사정했다. 안타깝지만 규정대로 해야 하는 공무원으로서는 어쩔 도리가 없었다.

전입신고는 말 그대로 신고주의다. 규정에 합당한 형식을 갖춰 민원인이 신고하면 공무원은 처리해야 한다. 민원인이 스스로의 분명한 의사로 신고하여 처리한 것이다. 공적인 약속이다. 이것을 과거로 소급해서 취소할 수 없다. 생각해보라! 그 많은 사람들이 전입신고 했다가 자신의 편의대로 쉽게 과거 시점으로 되돌린다면, 주민등록은 애들 장난이 된다. 물건을 샀는데 마음에 좀 안 든다고 떼를 쓰는 것과 뭐가 다르겠는가?

그렇더라도 최선을 다해서 그녀의 사정을 들어주고 공감해야 한다. 민원인은 주민등록 업무가 어떻게 돌아가는지도 모른다. 어쩌면 주민등록에 대한 개념 자체가 없을 수도 있다. 공무원이 보기에는 그녀의 주장이 황당하기 그지없다. 그러나 입장을 완전히 바꿔 생각하면 이해할 수 없는 일도 아니다.

전 근무지에서는 전입신고서를 자필로 받지 않았다. 그 지역에는 노령인구가 상대적으로 많았다. 민원인들이 서류 작성에 부담을 표했다. 사실 우리가 봐도 관공서의 서식은 읽어보기도 전에 복잡해 보인다. 그리고 그것을 작성하도록 하려면 연로하신 민원인들은 공무원이 옆에 붙어서서 한 글자 한 글자 알려줘야 한다. 글을 못 쓰는 사람도 있다.

그래서 다른 방법으로 신고를 받았다. 민원인이 구두로 전입주소 등 신고 내용(주소, 전입대상, 전입사유 등)을 말하면, 주민전산시스템에 사항별로 입력했다. 그리고 저장을 한다. 그러면 전입신고서 출력 여부를 묻는 팝업창이 뜬다. 시스템 자체에 그렇게 전입신고서를 출력할 수 있도록 되어 있다. 출력한 전입신고서에는 구두로 요청한 사항이 기입되어 있다. 그것을 민원인에게 건네준다. 신고 내용이 맞는지 확인 후 이름 옆에 서명하라고 한다. 그러면 대부분의 사람들은 내용을 잘 확인하지 않고 서명 난에 서명만 대충하고 넘겨준다.

그렇게 1년 정도 근무하는 동안, 전입신고가 잘못됐다는 민원 제기는 없었다. 운이 좋았던 것이다. 물론 그 이유 때문에 그랬던 것은 아니다. 전임자가 한 대로, 인수받은 대로 업무 처리를 해왔다. 다들 그렇게 하니까. 아무런 의문 없이 그렇게 하는 줄로만 알고 했다.

그런데 그렇게 전입신고를 받고 이런 일이 생겼다면 어떻게 됐을까? 서로 편하자고 한 일이 독이 될 수 있다. 생각만 해도 아찔했다. 민원인은 분명히 나는 "아"라고 말했는데 공무원 네가 "어"라고 입력했으니 네 잘못이다 했을 것이다. 구두로 한 것은 증거가 남아 있지 않기 때문이다.

위의 두 사례를 겪으면서 나는 얻은 교훈이 있었다.

원칙을 지킨다는 것! 규정과 지침을 확인하고 꾸준히 공부하는 것은 공무원의 기본 중에서도 기본일 것이다. 노령화된 민원인을 위한다는 미명 아래 사실은 나 자신의 편의대로 일한 것은 아니었나 되짚어보게 되었다. 그리고 처음 이 주민센터에 왔을 때 '왜 전산에서 뽑으면 되는데, 민원인도 이렇게 많은데, 신고서 작성하려면 시간도 지체되는데, 신고서를 직접 작성하게 하는 거지?'라며 불평한 것이 부끄러웠다.

부산시가 몇 해 전 직원 여론조사를 실시했다. 공무원 역량으로 중요한 것을 묻는 질문에 업무 관련 지식을 1위로 꼽았다. 2위는 도덕성, 3위는 업무 숙련도, 4위는 시민 중심적 사고 등이 뒤를 이었다. 하지만 공무원들은 이 같은 능력이 제대로 평가받지 못하는 것으로 인식하고 있었다. 실제 승진에 가장 큰 영향을 미치는 요인을 묻는 질문에 1위는 상관에 대한 충성도, 2위는 지연, 3위는 근속연수, 4위는 조직 내 평판이었다. 결과적으로 업무 지식과 관련된 공무원 능력이 승진에 큰 영향을 미치지 못한다고 인식하고 있는 것이다.

즉, 업무와 관련하여 열심히 자기계발하고 공부를 해도 조직 내에서 알아주지 않는다고 생각하게 된다. 실제로 그런 불미스러운 일들을 조직 내에서 목격하게 되면 사기가 꺾이기 마련이다. 이런 상황에 잦은 순환 근무까지 더하니 업무 터득에 대한 열의가 떨어질 수밖에 없다. 사회적으로도 공무원이 열심히 일한 부분에 대한 칭찬은 인색하다. 조금이라도 잘못하면 언론에서 크게 조명하고 비난한다. 그래서 자신의 업무 성과나 결과가 사회적으로 문제가 되지 않는다면, 현상 유지가 최선이라고 생각하게 된다.

공직 사회도 점점 변하고 있다. 변화의 속도도 빨라지고 있다. 전문성이 필요한 분야와 그렇지 않은 분야 간에 차이를 두는 인사도 서서히 이루어지고 있다. 시대 변화에 따라 법령이나 업무 지침도 계속 바뀐다. 시민들은 나날이 똑똑해지고 자신의 권리를 찾는 데 열심이다. 이런 속도에 맞춰 공무원도 끊임없이 자기계발을 해야 한다. 그렇게 되도록 국민들도 공무원을 좀 더 따뜻한 시선으로 바라봐주기를 바란다. 따끔한 질책에 앞서 애정이 필요할 때이다. 그들이 업무에 대해 열심히 공부할 수 있는 사회 분위기가 정착되어야 한다. 공무원이 바로 서야 나라가 바로 선다. 외국에 비해 뒤떨어진 우리나라 공무원의 경쟁력을 다 같이 키워 나가야 할 것이다.

6

그 부서의 보석이기보다 보물이 되어라

예전에는 공무원이 사람들이 선망하는 직업이 아니었다. 공무원에 대한 사람들의 인식이 바뀐 것은 IMF 외환위기 이후이다. 1997년 기업과 은행 간에 무분별한 대출로 연쇄 부도가 나기 시작하면서 나라가 부도가 났다. 많은 기업들도 부도가 났다. 수많은 사람이 일자리를 잃었다. 직장은 더 이상 정년을 보장해주지 못하게 되었다. 그래서 공무원을 희망하는 사람들이 급격히 늘어났다. 그 이후 공무원 시험의 경쟁률은 하늘 높은 줄 모르고 치솟았다. 시험도 점점 어려워졌다. 그래서 몇 년 전부터는 명문대 고학력자들도 9급 공무원 시험에 몰리는 현상이 생겨났다. 사람들은 그들이 혹은 그들의 자녀가 공무원이 되기를 바란다. 공무원이 선망의 직업이 된 것이다. 이유는 앞에서도 언급했듯이 사회 전반적으로 불안한 상황이다. 그리고 미래를 보장받기 어렵기 때문이다.

베이비부머 세대의 직장은 에스컬레이터였다. 취업을 하는 순간, 자신의 입지는 조금씩 나아지고 어느 정도는 원하는 자리까지 올라갔다. 자신이 그만두지 않는 한 승진과 정년퇴직이 보장되었다. 예측할 수 있는 미래가 있으니 마음을 졸일 필요가 없었다.

요즘 젊은이들은 어떤가? 취업하기도 힘들지만 운이 좋아 취업을 했다고 치자. 그 회사에 입사한 후 유리계단을 밟고 올라가야 한다. 올라가다가 언제 깨질지 모른다. 깨지면 처음부터 다시 올라가야 한다. 끝까지 올라갈 수 있을지 장담할 수 없다. 세상은 너무 빠르게 변한다. 그 유리계단마저도 언제 없어질지 모른다. 공무원을 최고의 직업으로 선택한다는 것은 사실 세상과의 타협이다. 자신과의 타협이다. 마지막 보루로서 갈 수밖에 없는 목적지다.

사는 것이 점점 팍팍해졌다. 사람들의 마음은 점점 뾰족해지고 거칠어졌다. 그러니 조그만 일에도 화를 내고 공격성을 보인다. 공무원 시험 경쟁률이 높아지고 공직에 고학력자들이 많아지다 보니 그에 대한 기대도 커졌다. 거기다가 코로나19로 힘들어하는 국민들에 대한 정부지원책도 다양하다 그리고 당분간 지속해서 이어질 전망이다. 다른 복지정책도 하루가 다르게 늘어난다. 국가가 '이것도 해주고 저것도 해준다.' 그러니 덩달아 시민들은 스스로 해야 할 일까지도 '이것도 해달라, 저것도 해달라'라고 요구가 많아지고 정부에 의지하게 된다.

민원실은 행정복지센터의 문을 열고 들어오면 맨 앞줄에 배치되어 있다. 민원인들은 업무별로 담당자가 누구인지 모른다. 그러니 그들이 들어오자마자 마주하는 민원실에 와서 자신의 용무를 말한다. 민원실의 업무 외에 동에서 취급하는 거의 모든 업무를 민원실 직원에게 와서 물어본다. 심지어 어떤 민원인은 타 기관에서 처리하는 업무까지도 무조건 들이대고 본다. 다들 하나같이 "동사무소 가면 다 알아서 해준다던데."라고 한다. 그러다 보니 민원실 앞은 북새통을 이룬다.

'오늘도 차분하게, 민원인의 감정에 휘말리지 말자. 친절하게 응대하자.'라고 아침에 다짐한 것도 잠시, 시간이 지나면 나도 모르게 가끔씩 목소리가 높아져 있다.

이미 빅데이터, 인공지능, 로봇이 인간을 대신해 행정 서비스를 제공하는 시대가 도래했다. 모 시청과 군청 민원실에는 몇 년 전부터 민원인을 도와주는 로봇이 등장했다.
이 휴머노이드(사람 모양) 민원 안내 도우미는 민원 서비스가 필요한 시민을 찾아 돌아다닌다. 대화를 통해 민원인의 요구 내용을 파악해 담당 업무와 연결시켜준다. 그리고 로봇의 가슴에 있는 화면을 통해 직접 민원 서비스가 가능하다.

행정안전부 공모사업으로 진행된 이 사업을 통해, 곧 공직 사회 전체의 앞날도 예측 불가능해졌다. 하루가 다르게 변화하는 4차 산업혁명 시대에 인공지능이 많은 일자리를 빼앗아갈 것이다. 또 현재 우리가 알지 못하는 많은 일자리도 생겨날 것이다. 단순 반복적인 일들은 대부분 로봇으로 대체 가능해졌다.

그렇다면 이러한 시대에 이상적인 공무원의 모습은 무엇일까?

'공감능력이 뛰어난 따뜻한' 공무원, 민원인의 말 뒤에 숨어 있는 비언어적 표현(몸짓, 표정, 억양, 어조 등)을 헤아릴 수 있는 '지혜로운' 공무원이다. 로봇이 할 수 없는 부분이다.

실제로 1950년대 미국에서 보디랭귀지를 연구한 레이 버드휘스텔(Ray Birdwhistell)은 비언어적 표현이 의사소통에서 차지하는 비율은 65%나 된다고 주장했다. 연구의 방식에 따라 결과가 조금씩 다르게 도출될 수는 있으나 납득할 수 있는 수치란 생각이 든다.

사실 인간은 사회적인 역할이나 위치, 장소에 따라 사용하는 언어가 다르다. 또한 사회적인 규율이나 예절에 따라 이성적으로 절제하여 말을 한다. 그러니 언어를 통해 그 사람의 진의(眞意)를 파악하기란 어렵다.

심리학자 엘버트 매러비언(Albert Mehrabian)의 저서 『Silent Messages』에서도 대화를 통해 상대방의 감정을 느끼는 데에 말이 차지하는 비중이 7%밖에 안 된다고 했다. 나머지는 태도, 목소리, 표정 등 말의 내용과 관계없는 요소들이 93%를 차지한다는 것이다.

"나에게 1시간이 주어진다면 문제가 무엇인지 정의하는 데 55분의 시간을 쓰고, 해결책을 찾는 데 나머지 5분을 쓸 것이다."

— 아인슈타인

직무를 수행할 때에도 마찬가지다. 문제를 정확하게 알아야 적절한 해법도 찾을 수 있다. 간혹 일을 하다 보면 내 경우는 물론이고 민원인과 마찰을 일으키는 옆 동료들의 상황을 많이 목도하게 된다. 다양한 원인들이 있지만 그 중에서도 마찰의 빈도가 잦은 경우는 의사소통 부족 때문이다. 즉, 민원인의 진짜 의도를 파악하지 못하는 경우다.

그 이유는 첫째, 민원인의 말이 다 끝나기도 전, 첫 마디에서 벌써 대답을 하려다 문제가 생긴다. 민원인들이 줄서서 기다리게 되면 스스로도 안달이 나게 마련이다. 업무를 빨리 처리하려는 욕심에 아직 시작도 안 한 대화의 첫 마디에 꽂혀 응대하려다 보면 문제가 생긴다.

둘째, 민원인들의 언어와 직원의 언어가 다르다. 존 그레이의 저서 『화성에서 온 남자, 금성에서 온 여자』만큼은 아니더라도 민원인의 언어를 이해하려면 가끔 해석이 필요할 때도 있다.

"무엇을 도와드릴까요?"

"인감 떼러 왔어."

"누구 인감 떼실 거예요?"

"응, 우리 주인 꺼 떼 줘."

"주인이 누구신데요?"

여기까지 들었으면 게임 끝이다. 옆에서 선배가 "할머니 배우자 인감!" 이라고 한마디 던진다. 90년대 생 공무원은 그 할머니의 '주인'에 대해 어떻게 생각했을까? 과연 배우자를 그렇게 표현하는 그 문화를 이해나 할까? 세대 차이에서 오는 이해 부족이다.

공무원은 서비스업이다. 국민에 대한 행정 서비스 질이 높아져야 공무원에 대한 국민의 인식도 긍정적으로 바뀐다. 그러니 멀티 플레이어가 되어야 한다. 개인의 뛰어난 업무 처리를 바탕으로 능력 있는 직원이 되는 것도 매우 중요하다. 디지털 시대에 걸맞는 신속하고 오차 없는 업무 수행 능력은 그 부서나 지자체를 빛나게 한다.

그러나 그에 못지않게 중요한 것은 수시로 변하는 다양한 현상에 대처할 수 있는 보이지 않는 능력이다. 사고가 말랑말랑해서 디지털과 아날로그를 넘나들 수 있어야 한다. 다양한 변화에 민감하게 반응하기보다 자신의 스펙트럼을 넓힐 수 있는 기회로 인식하려는 긍정적인 마인드가 필요하다. 적절한 예의와 배려로 직장 내 인간관계도 잘 유지해야한다. 무엇보다도 표현이 부족한 민원인의 신호를 포착할 수 있는 따뜻한 가슴을 지닌 공무원이라면 어떨까? 스스로 반짝거리는 보석이기보다 화려하진 않지만 오랫동안 사람을 행복하게 하는 보물 같은 공무원이 되고 싶다.

7

공무원은 아무도 위로해주지 않는다

한국벨리댄스 ○○지부를 운영할 때이다. '벨리댄스 페스티벌'이라는 제목으로 1년에 한 번 발표회를 개최했다. 지부 자체적으로 가장 큰 행사였다. 무엇보다 지부장을 비롯한 ○○지부 소속 공연단의 프로공연이 있는 날이다. 프로공연단은 주로 축제나 행사에 초청되어 공연비를 받고 공연을 한다. 벨리댄스를 좋아하는 일반인들에게는 프로의 공연을 가까이에서 볼 수 있는 좋은 기회다. 그리고 지부 소속 모든 회원들의 아마추어 공연도 펼쳐진다. 강사들이 가르치는 회원들이다.

강사들은 이들에게 작품을 가르치고 행사 당일까지 잘 이끌어야 한다. 회원들의 공연 완성도는 강사들의 자질과 능력을 증명해주기도 한다.

발표회 시작부터 끝까지 모든 과정은 간단치가 않다. 좀 과장되기는 하지만 가수가 공연을 하는 것과 유사하다고 보면 된다. 몇 개월 전부터 발표회 장소 대관을 해야 한다. 음향, 조명체크도 잊지 않고 직접 해야 한다. 공연은 음악과 조명이 매우 중요하다. 개회식, 본행사의 조명이 다르고 공연작품에 따라서도 다르다. 공연할 순서대로 CD도 편집해서 준비해놔야 한다. 행사를 진행할 사회자를 포함한 이벤트 회사 섭외도 해야 한다. 공연의 분위기를 극대화해줄 무대 배경 등도 미리 대여 신청해둔다. 현수막도 주문해야 한다. 공연 안내 팸플렛 및 입장 티켓도 미리 인쇄소에 주문해야 한다.

행사 당일에는 새벽부터 행사장에 도착해 작품마다 입을 공연 의상이며 도구, 액세서리, 화장품 등도 미리 세팅해놓아야 한다.

무엇보다 중요한 것은 발표회의 모든 것을 기획하는 것이다. 그 뼈대는 공연 순서, 시간, 내용 등이다. 공연 전 리허설로 전체를 체크해야 한다. 무거운 설비를 옮기는 것부터 기획하는 일까지 다 처리해야 했다. 보통 수십 명은 아니더라도 여러 명의 스텝들이 담당별로 준비해야 할 분량이었다. 지부도 생긴 지 얼마 안 된 터라 체계도 없었다. 열정으로 가득한 젊은 나이라 몸을 사리지 않았다. 결국 리허설을 마친 날은 탈진하여 링거 신세를 지게 되었다.

게다가 발표회 입장 티켓(ticket)도 판매하고 홍보도 많이 했다. 그러나 처음인데다가 잘하고 싶은 욕심은 컸던 탓일까? 관객이 많이 올지에 대한 걱정과 부담감도 상당했다. 모든 것이 오롯이 자신이 혼자 감당해야 할 몫이었다. 나는 ○○지부의 '장(長)'이고 책임자였기 때문이었다. 강사들은 부하 직원이 아니었다. 동료는 더더욱. 물론 어느 정도는 함께 도와서 할 수 있었다. 그런데 그런 것을 잘하지 못했다. 그냥 무모하게 혼자 덤벼들었던 것 같다. 의욕이 넘치던 나이였지만 모든 것이 처음이었던 그때, 혼자서 너무 외롭고 힘들었다.

공직도 이와 비슷한 구석이 있다. 공직에 입문하고 처음 맡은 업무는 취약계층 아동과 관련된 일이었다. '취약계층'의 사전적 의미는 '다른 계층에 비해 무르고 약하여 사회적으로 보호가 필요한 계층'이다. 아동들이 취약계층이 되는 이유는 주로 가정 내 적절한 보호가 이루어지지 않는 경우다. 예를 들면, 한부모가정, 기초수급자가정, 장애인가정의 아동과 입양아동, 부모가 없는 아동이 대표적이다. 그 중에 나는 장애 및 비장애 입양아동과 부모가 없거나 사정이 있어 시설에서 지내는 아동들을 담당했다. 그 중에서 기억나는 K라는 아이가 있었다. 아버지는 무책임하고 폭력적인 사람이었다. 집에 잘 들어오지도, 경제적 도움도 주지 않았다. 어머니는 알코올 중독을 오랫동안 앓았던 사람이었다. 예전에 한 번 정신병원에도 입원한 이력이 있었다. 그 후 부모는 이혼을 했다.

어느 날 그 아이의 엄마는 술을 마시고 아이를 때렸다. 아이는 아파트 경비실로 달려가 경찰에 신고해달라고 했다. 경찰이 왔고 엄마는 아이와 강제 격리되었다. 그렇게 아이는 아동시설에 들어가게 되었다.

업무를 시작한 지 5개월 정도 되었을 때였다. 아동시설에 근무하는 사무장이 업무 차 시청에 방문했다. 그리고 내게 휴대폰을 보여주었다. K의 엄마가 카톡으로 보낸 대화 내용이었다. 전화로도 자주 험한 말을 하면서 아이를 데려가겠다는 말을 했다고 한다. 그 얘기를 들은 담당계장도 "내게도 요즘 카톡을 보낸다."라며 휴대폰을 보여주었다. 아이의 엄마는 '자신의 아이를 시설에서 잘 양육하지 못한다. 다른 아이가 신던 양말을 신게 하는 등 정서적 학대를 한다. 그러니 자신이 데려가서 키우겠다. 아이도 그러길 원한다.' 대략 그런 내용의 주장이었다. 그 이후에도 온갖 수단을 동원해 담당계장 및 아동복지시설장에게 지속해서 요구를 해댔다.

나는 이 상황을 어떻게 타개해야 할지 고민하기 시작했다. 일단 시설을 찾아가보았다. 아이들을 곁에서 보살피는 선생님들도 만나고 K가 아이들과 자연스럽게 어울리는 모습도 멀리서 지켜보았다. 시설을 나오기 전에는 시설장과도 충분한 얘기를 나눠보았다. 그렇게 나름대로 그 문제를 해결하기 위해 방법을 모색하던 중이었다. 점심시간이 다 되어갈 무렵에 K의 엄마가 부서에 모습을 드러냈다. 내가 그녀를 직접 마주한 것은 처음이었다. 그녀는 조직의 생리를 아는 듯이, 담당자는 찾지도 않고 바로 계장에게 갔다. 사실 일하느라 그녀가 온 줄도 몰랐다. 나중에 그녀가 언성을 높이고서야 그녀의 존재를 눈치챘다. 처음에 계장과 조용히 대화를 시도했지만 계장의 반응이 신통치 않으니 소리를 지르기 시작했다. 다른 직원들은 점심식사를 하러 거의 다 외출한 상태였다.

조직 사회에서 지시하기 전에 상사와 민원인의 대화에 끼는 것은 적절치 못한 행동이다. 그래서 두 사람의 얘기를 듣고만 있었다. 계장은 말을 아끼고 그녀의 얘기만 들었다. 그렇게 점심시간은 흘러가고 4명의 계원들은 식사하러 갈 수가 없었다. 더 이상 그 상황을 보고만 있을 수 없었다. 나는 "K어머니의 의중은 알겠다. 그 문제를 해결하려 나름대로 알아보고 있는 중이다. 내가 담당자다. 책임지고 ○○일까지 확정을 지어 전화할 테니 돌아가서 기다려라. 여기서 소리 지른다고 원하는 답이 당장 나오는 것이 아니다."라고 말했다.

그녀는 답을 준다는 날짜를 한 번 더 확인 후 돌아갔다. 시장실에 곧 찾아가겠다는 협박과 함께. 실제로 그녀는 며칠 후 시장실로 찾아갔다. 그래서 비서실장이 부서로 찾아왔다. 나는 사건의 경위가 담긴 보고서를 제출해야 했다. 〈어린이날 큰잔치〉 행사를 코앞에 두고 준비로 한창 정신이 없을 때였다. 그때 나는 서기보시보였다. 사기업으로 치면 수습 직원이었을 때였다.

그녀가 일으킨 일련의 소란으로 부서의 직원들 대부분은 내용을 알고 있었다. 그러나 어느 누구 하나 조언을 해주거나 관여하지 않았다. 심지어 담당계장까지도. 퇴근을 해도 잠이 오지 않았다. 겨우 잠들어도 새벽 2, 3시에 깨기 일쑤였다. 그 당시에 아동학대 관련한 사망, 방임 등에 관한 기사가 연일 뉴스에 오르내렸다. 그 사안은 공직 생활 초보였던 내게 엄청난 무게로 다가왔다.

아이를 엄마에게 보내준다고 가정해보았다. 잘 살아준다면 고맙지만 엄마가 아이에게 다시 폭력을 행사할 가능성도 배제할 수 없었다. 아이가 다칠 수도 있다는 생각을 하니 끔찍했다. 그 모든 책임은 고스란히 담당자의 몫이다. 도와주지 않는다고 탓만 하고 있을 수는 없었다. 직접 전화해서 여기저기 물어보고 공문도 찾아보았다.

깊은 고민 끝에 전문가들의 힘을 빌리기로 했다. "백지장도 맞들면 낫다."라는 속담처럼 관련 전문가들을 모아 의견을 수렴하기로 했다. 일명 〈솔루션 회의〉를 개최했다. 경찰서의 아동청소년 담당, 정신건강복지센터 직원, 아동시설 사무장, 아동보호기관 담당에게 협조 요청을 했다.

부서에서 모여 논의한 후 함께 K의 집을 방문했다. 아이가 제대로 살아갈 만한 공간인가, 엄마와 상담하면서 아이와 살기 위한 의욕과 자세가 되어 있는가를 살펴야했다. 곧바로 K가 있는 시설로 가서 아동보호기관 담당 선생님은 아이와 상담을 했다. 아이는 엄마와 살고 싶다고 했다.

아이의 의견은 매우 중요했다. 강압에 의한 대답인지, 아이의 소망인지는 상담선생님이 파악해주었다. 그렇게 아이는 엄마에게 갔다. 물론 나는 아이를 그냥 보내지 않았다. 아이 엄마에게 정신건강보건센터에서 20시간의 교육과 정신 상담을 명했다. '앞으로 아이에게 폭력을 행사하면 즉시 아이를 시설로 다시 데려올 것이며 그땐 어떤 불만도 제기하지 않겠다.'라는 그런 내용의 서약서를 직접 만들었다. 그리고 그녀의 서명을 받았다.

담당자는 '업무'라는 회사의 사장이다. 그 누구도 이래라 저래라 할 수 없는 그만의 성역이다. 대신 책임도 온전히 담당자의 몫이다. 그러니 당당하게 자신의 일을 하라. 전임자가 걸어왔던 길을 참고 하는 것은 좋은 방법이다. 그러나 그대로 답습은 하는 것은 위험하다. 전임자가 했다고 다 옳다고는 할 수 없다. 스스로 검토하고 공부해야 한다. 업무에 대한 철저한 준비와 충분한 공부가 전제가 된다면 나서서 '내가 담당자.'라고 말하라. 누군가 나서서 도와주지 않는다고 외로워 말라. 모두 다 자신의 업무를 경영하기도 바쁘다. 어차피 내 업무는 내가 생각하고 판단하고 책임져야 할 일. 경영자의 마인드로 걸어가라.

나는 행복한 공무원입니다

제 4장

민원인을 내 팬으로 만들어라

나는 행복한 공무원입니다

1

민원인의 내비게이션이 되어라

　남원시에 설치된 '민원 안내 유도선'이다. 한 번에 '쏙~!' 원하는 창구로 쉽게 가도록 설치한 모습이 너무 좋아 보여서 소개해보았다. 부서장을 비롯한 직원들의 주민에 대한 애정이 엿보인다. 보통은 창구마다 창구명을 크게 적어놓는다. 민원인들은 그 명패를 보고 각자 볼일이 있는 곳으로 찾아간다. 그러나 노약자는 젊은 사람들이 쉽게 하는 일도 어려워할 수 있다. 소도시나 농촌에는 임산부, 장애인을 포함한 노약자들의 인구가 크게 차지한다. 그러니 그들의 불편을 해소하는 방법을 모색하는 것은 어쩌면 당연한 일이었을 것이다.

우리나라는 이미 고령사회를 넘어섰다. 초고령사회로 가는 과정이라고 할 수 있다. 유엔(UN)에서 만 65세 이상 고령 인구가 총인구의 7% 이상 14% 미만이면 고령화사회, 14%이상이면 고령사회, 20% 이상이면 초고령사회로 분류했다. 그러나 경상북도는 타 시에 비해 노령인구의 구성 비율이 높다. 작년 기준 경상북도만 봤을 때, 65세 인구가 20.6%로 이미 초고령사회에 진입했다.

노령화될수록 인지기능이 떨어진다. 보통의 젊은 사람들은 쉽게 찾고 이해하는 일상적인 것도 노인에게는 버거운 일이 될 수 있다. 특히 농촌에는 운전을 하지 않는 노인이 많다. 그들에게 공공기관을 한 번 방문하는 것은 상당한 각오가 필요한 외출일 것이다. 좀 더 각별한 관심과 눈높이에 맞는 서비스가 필요하다.

"100m 앞에서 우회전하십시오." 자동차를 타고 가다 보면 이렇게 길을 안내해주는 소리를 들을 수 있다. 마치 조수와 같이 운전을 도와주는 이기계는 바로 내비게이션이다.

　사람들에게 방향을 제시할 때는 그 대상자에게 눈높이를 맞추는 일이 우선이다. 상대방이 아무것도 모른다는 전제하에서 시작되어야 한다. 그런 의미에서 이 '민원 안내 유도선'은 취약계층에게 안성맞춤의 서비스가 아닐까? 선의 색별로 따라가다 보면 목적지가 나오니 말이다.

　단순하게 생각하면 공무원이 하는 일이 이 유도선과 같다고 해도 크게 다르지 않다. 민원인이 알기 쉽도록 설명해주고 잘하도록 안내하는 일이다. 또한 민원인이 생각하지 못한 일까지 알아서 안내한다면 최고의 공무원이 아닐까?

　읍면동 행정복지센터는 크게 나눠서 총무계, 산업계, 복지계, 민원계가 있다. 읍면동의 규모에 따라서 4개의 계가 될 수도 있고 3개의 계가 될 수도 있다. 규모가 더 큰 곳은 5계로 나눠지기도 한다.

　현재 근무지로 옮기기 직전에 근무했던 곳은 제법 규모가 큰 곳이었다. 그곳의 산업계에서 근무를 했다. '산업계'라고 하면 무슨 일을 할까? 일반인들은 구체적으로 추측하기가 어렵고 애매할 것이다.

　산업계에서는 크게 나눠 농업, 도로 및 하천, 쓰레기 처리, 일자리사업 관련 업무를 한다. 그 중에서도 나는 농업에 관련된 업무를 맡았다. 농업에 관련된 업무는 몇 년 사이 종류도 많아지고 방대해졌다. 그리고 농업은 점점 사업의 개념으로 인식되고 있다. 젊은 사람들이 농업에 종사하는 비율도 점점 높아지고 있다. 귀농인구도 많아지고 있다. 지자체마다 젊은 농업인의 인구 유입을 위해 발 벗고 나섰다. 그래서 농업인을 지원해주는 사업의 종류도 다양해지고 그 수도 증가하고 있다. 담당자들은 연초인 2~4월까지 각종 농업 관련 지원 사업을 접수한다. 끝없이 들어오는 농민들의 사업 신청을 받느라 눈코 뜰 새가 없다.

정부에서 농가에 각종 사업을 지원하는 데는 여러 가지 방법이 있다. 현금으로 지원하는 경우도 있고 저렴한 이자나 긴 상환 기간을 내세워 대출을 지원하는 방법도 있다. 전부를 지원하기보다는 일정 비율을 정해 부분적 지원을 하는 경우가 대부분이다.

'중소형 농기계 지원 사업'을 예로 들어보자. 일단 사업이 공고가 되면 농민은 신청 기간 내에 읍면동 행정복지센터에 가서 사업을 신청한다. 공무원은 접수한 신청서를 검토하고 전용 시스템을 검색해 대상자가 되는지 여부를 판단하고 선정한다. 대상자를 선정하면 시청 담당자에게 선정된 결과를 공문으로 보낸다. 시 담당자는 공문을 확인하고 대상자를 확정한다. 확정된 대상자를 바탕으로 예산까지 책정하면 다시 읍면동에 확정된 내용을 하달한다. 읍면동에서는 사업 지원이 확정된 농가에 이 내용을 알린다.

여기서부터 사업이 본격적으로 시작된다고 보면 된다. 선정된 농민들은 자신의 돈으로 농기계를 먼저 구입한다. 구입한 농기계와 함께 찍은 사진, 구매 영수증이나 업체에 금액을 계좌 이체한 통장 내역을 공무원에게 제출한다. 그 외에도 제출 서류는 더 있지만 생략한다. 공무원은 받은 농기계 구입과 관련된 증명 서류를 시에 제출하고 예산을 교부해줄 것을 요청한다. 시에서 예산이 내려오면 읍면동 담당자는 농기계 구입 대금 중 정부에서 지원하는 비율만큼의 금액을 농민의 계좌로 이체한다.

대부분의 상품들이 그렇듯, 농기계 가격에도 부가가치세가 포함되어 있다. 그러나 농림축산식품부는 2020년 '농업분야 세법개정안'에서 농기자재 부가가치세에 대한 면세를 3년 더 연장하기로 발표했다. 즉, 농민이 기계를 구입할 때 농기계를 판매하는 업체는 부가가치세를 제외한 가격으로 판매를 해야 한다. 부가가치세를 포함시켜 판매했을 경우, 농민은 환급받을 수 있다는 의미이다. 환급하고 받는 것이 번거롭기 때문에 대부분의 농기계 업체에서는 부가가치세를 제외한 가격을 제시한다.

그해 나는 다른 사업들과 함께 농기계사업을 한창 진행 중이었다. 농민들이 농기계를 구매한 후 제출한 서류를 검토하고 있었다. 그러던 중 한 업체에서 부가가치세를 포함한 가격에 농기계를 판 것을 알게 되었다. 매년 있는 사업이기 때문에 규모가 있는 대부분의 업체는 농기자재가 면세품이라는 것을 알고 있다. 더구나 그 업체는 매우 큰 업체였다. 또한 농기계 가격도 500만 원 가까이 되는 고가였다. 나는 괘씸한 생각이 들었지만 감정을 빼고 업체 담당자와 통화했다. 업체 담당자는 바로 시정하겠다고 했다.

농민에게도 이 사실을 알리고 영수증을 다시 받아 오도록 안내했다. 그리고 다음에는 이렇게 속는 일이 없도록 농자재 영세율에 대한 정보를 자세히 설명해 드렸다. 그분은 덕분에 50만 원 가까이 절약할 수 있었다며, 돈도 돈이지만 세세하게 알려주고 챙겨줘서 고맙다며 연신 고개를 숙이셨다.

그 일을 겪고 나는 오히려 이전의 나를, 내가 한 일들을 되짚어보게 되었다. 사실 주의를 기울여 일을 해야 하는 것은 당연한 의무이다. 공무원 개인에게도 자신의 업무를 꼼꼼히 하는 것이니 득이 된다. 업무에 치여서, 민원인이 많아 바쁘다는 핑계로 무심하게 일처리를 하지 않았는지, 형식적으로 그들을 응대하지 않았는지 돌아보게 되었다. 그리고 이제는 항상성을 잃지 않고 따뜻한 마음으로 민원인의 앞길을 안내할 것이다. 그래서 당당하게 보람을 느끼고 싶다.

2

담당 업무에 전문가 되는 법

'담당자'라는 말은 권력이자 책임이다. 물론 의무감이 더 크다. 능숙한 담당자 하나가 그 조직을 살릴 수도 죽일 수도 있다. 전문적인 소양을 가진 담당자가 많을수록 그 시의 미래는 밝다고 할 수 있다. 이제 막 시험에 합격한 후 입직한 비전문가가 전문가로서의 소양을 갖추려면 어떤 노력을 해야 할까?

첫째, 직무 능력이다.

사기업, 공기업, 공직 등, 소속된 조직에서 내가 맡아 할 업무를 '직무'라고 한다. 그리고 그 직무에 필요한 역량을 '직무 능력'이라고 한다. 예를 들어, 사기업에서 영업일을 맡았다고 가정해보자. 그러면 영업직원의 업무 능력으로는 무엇이 필요할까?

먼저 소통 능력이다. 사람들을 많이 상대하고 설득하는 업무이기 때문이다. 그리고 데이터 분석 능력이다. 판매 실적, 재고 관리, 실적, 인적 관리 등 숫자와 친해질 수밖에 없는 영업직이기 때문이다. 뛰어난 엑셀 활용 능력까지 장착된다면 업무 수행에 속도가 붙을 것이다.

행정직 공무원에게 필요한 역량은 뭘까? 각종 보고서를 작성하는 일이 빈번하니 한글은 필수다. 그리고 예산 관련 업무, 보조금 지원, 데이터 정리 등을 위해 엑셀도 필요하다. 자주 있는 일은 아니지만 행사나 큰 규모의 사업을 진행할 때는 프레젠테이션을 한다. 그에 필요한 파워포인트를 알고 있다면 좀 더 능숙한 직원으로 인정받을 수 있다. 만약 준비가 안 되어 입직했더라도 너무 걱정마라. 지금부터 하면 된다. 공직 생활 중에 온라인상으로나 집합형태로 다양한 교육 혜택을 누릴 수 있다. 일하면서 대학교나 대학원에 다니는 직원에 대한 지원도 늘어나고 있다. 본인의 의지만 있다면 일을 하면서도 충분히 부족한 부분을 채워나갈 수 있다.

둘째, 문제 해결 능력을 키워라.

우선 문제와 관련된 업무를 완전히 파악하고 있어야 한다. 또한 그 업무에 바탕이 되는 규정이나 지침을 잘 알고 있거나 금방 찾을 수 있어야 한다. 문제가 있으면 반드시 해답도 있다는 긍정적인 생각을 가지고 문제를 대한다. 그 다음은 문제의 핵심이 무엇인지를 파악하는 것이다. 문제가 생겼을 때에는 성급하게 해결하려고 나서기보다 문제의 근본적인 원인이나 배경 및 본질을 알아보는 것이 가장 중요하다.

민원실에서 여느 때와 같이 업무를 처리하고 있었다. 재외국민 인감증명서를 대리로 발급하기 위해 한 여성이 방문했다. 그녀는 부동산 매도용 인감증명서를 발급하겠다고 했다. 그리고 가지고 온 재외공관의 확인을 받은 인감위임장을 보여주었다. 9급 신규 직원이었던 인감담당자는 지침서대로 위임장에 세무서장의 확인을 받아오라고 안내했다.

다음 날 그녀는 위임장을 들고 다시 방문했다. 위임장에는 세무서장의 확인 도장이 찍혀 있지 않았다. 이유는 세무서에서 이제 세무서장의 직인을 찍지 않고 양도소득세 납부영수증만 갖고 가면 인감을 대리로 발급받을 수 있다고 하더란다. 인감 담당자는 '세무서장 확인 없으면 발급이 안 된다'고 말하고 돌려보냈다.

다음 날 그녀는 다시 방문했다. 전날과 같은 말을 되풀이하며 서류를 발급해줄 것을 요구했다. 세무서에서도 똑같은 대답만 돌아왔던 모양이었다.

"인감증명법에는 재외국민 인감위임장에 세무서장의 확인을 받으라고 명시되어 있습니다. 그러니 세무서장 직인을 받아오셔야 인감증명서를 발급해드릴 수가 있습니다."

"세무서 가면 직인을 찍어주지 않고 여기서는 받아와야 한다 하니 나보고 어쩌라는 거예요?"

화가 난 민원인이 소리를 질렀다. 그녀는 같은 일로 민원실을 세 번이나 방문했다. 애초에 세무서장 확인란은 없었던 것이 인감증명서 발급 위임장에 추가되었다. 재외국민이 부동산 등을 처분할 때 양도소득세를 받기 위한 장치였다. 국세청의 요청으로 추가된 것이었다.

마침 민원인이 없었던 7급 선배 공무원이 세무서 직원과 통화했다. 알아본 바로는 세무서 직원의 안내를 민원인이 오해한 것이었다. 그 내막을 민원인에게 이해시켰다. 그리고 그녀는 세무서장 확인을 다시 받아왔다. 알고 보니 원인은 아주 작은 것이었다.

문제가 생기고 난 후에 잘 해결하는 것도 좋지만 문제가 될 일을 사전에 예측하고 예방하는 것이 더 좋은 방법이다. 이것은 자칫 표시가 나지 않아 능력을 인정받지 못할 가능성이 크다. 문제 발생을 사전에 차단하니 누구의 눈에 띌 일이 없다. 그러나 노련한 상급자라면 부하 직원의 이러한 능력을 포착할 수 있는 혜안이 있어야 하지 않을까?

이 경우 민원인이 두 번째 방문했을 때 더 자세히 알아봤어야 했다. 담당자라면 문제가 포착되었을 때 문제의 원인을 파악해야 한다. 그랬다면 서로 얼굴 붉힐 일은 없었을 것이다. 물론 일이 바쁘다 보면 피상적으로 일을 할 때가 많다. 공무원이 풀어야 할 숙제다.

세 번째, 소통과 협업 능력을 길러라.

사람, 사물 등 모든 것이 인터넷으로 연결되어 '만물 초 지능혁명'이라 불리는 '4차 산업혁명' 시대이다. 인스타, 트위트, 페이스북 등 SNS를 통해, 사람들은 실시간으로 소통하고 있다. 내가 아는 사람과 연결이 되고 그 사람의 지인들과 연결된다. 그 지인들의 지인들과 또 연결된다. 이렇게 기하급수적으로 수많은 사람들과 소통을 하고 있다.

소통의 양적 포만감은, 그러나, 정신적 풍요로움과 비례하지는 않는가 보다. 여전히 사람간의 소통은 중요한 화두이고 소통과 대화에 관련된 책들은 인터넷 서점에서 상위에 노출된다. 또한 근래에 공직에서, 사기업에서 젊은 직원들이 극단적인 선택하는 뉴스를 자주 접한다. 이는 풍요 속에 빈곤이자 껍데기 소통의 현실을 보여준다.

공무원의 업무 특성상 매일 다양한 사람들을 만난다. 그것이 내부 직원일 수도 있고 업무적으로 협업 관계인 사람일 수도 있다. 또 민원인이 될 수도 있다.

내부 직원이라면 부서에서 고약한 상사나 동료 직원을 만날 수도 있다. 알다시피 공무원은 순환근무를 한다. 누구 하나가 그만두지 않는 한, 그 상대와 만나거나 업무적으로 연결될 수 있다. 어느 퇴직 공무원에게 물었다. 퇴직 후에 제일 좋은 것이 뭐냐고. '싫은 사람을 더 이상 보지 않아도 되는 것!'이라고 단박에 대답했다. 그 정도로 특정한 사람과의 갈등이 생긴다면 힘들 수밖에 없는 것이 조직이다.

예전에 비해 직장생활에서, 동료의 사적인 생활에 지나친 관심을 갖지 않는다. 그것이 바람직한 행동으로 여겨지게 되었다. 이 트렌드는 앞으로도 가속화될 것 같다.

그런데 옆 동료가 업무량이 많아 힘들어한다. 야근을 밥 먹듯 한다. 그래도 자신의 행복만을 위해 정시 퇴근해야 할까? 내가 정시 퇴근할 수 있는 것이 모두 내 능력 때문일까? 나보다 동료가 더 업무를 많이 해서 그럴지도 모른다는 생각을 해보았는가? 업무 분담을 똑같은 비중으로 1/n로 나눈다는 것은 불가능하다. 그러니 힘든 동료가 있다면 배려하고 도와주는 것이 소통의 시작이 아닐까?

업무적인 만남도 그에 못지않게 중요하다. 그들의 고충을 들어 문제가 뭔지 알아야 하고 해결해야 한다. 그들에게 응어리진 마음이 있다면 살피고 풀어주어야 한다. 그렇게 하려면 잘 들어야 한다. 인내심을 갖고 그들이 말하고자 하는 내용을 확실히 알아낼 때까지 들어야 한다. 그들의 손짓이나 표정도 놓치지 마라. 오히려 언어보다도 더 강력한 메시지가 될 수 있다. 민원인과의 마찰에서 잘 듣고 공감하는 것만으로도 90%가 해결되는 경우가 많다. 나머지 10%는 내가 할 수 있는 한도에서 최선을 다하면 된다.

네 번째, 공무원은 서비스직임을 명심하라.

코로나19와 관련한 지원 사업은 종류가 다양하다. 그 중에 한시적 생계비 지원 사업이 있다. 코로나19와 관련된 지원을 받지 못한 취약계층이 대상이다. 소득 수준이 중위소득 75%이하여야 한다. 19, 20년의 소득보다 21년 1월~5월까지의 소득이 감소했다는 증명 자료를 제출해야 한다. 접수 창구는 시장통처럼 시끄럽다. 경제적으로 어려운 사람들이 주로 방문했다. 날선 대화가 오고간다.

민원인의 요구를 다 처리해준다고 일 잘하는 공무원은 아니다. 처리되고 안 되고는 법과 규정에 따른다. 공직의 일이란 국민의 애로사항을 해결해주는 것이다. 그러기 위해선 민원인의 마음부터 헤아리는 것이 시작이 아닐까? 결과가 어떻든 민원인의 입장을 충분히 공감해주는 것이다.

공무원의 언어가 아닌 민원인의 언어로 알기 쉽게 잘 설명해주고 민원인이 웃고 돌아갈 수 있도록 하는 것이다. 민원인이 행복하고 감사해할 때, 공무원은 일의 보람과 가치를 느낄 것이다. 이것은 공무원의 사명감이기도 하다. 그러므로 서비스 마인드는 행복한 공무원으로 사는 기본 역량이다.

3

공무원, 나를 브랜딩하라 (명품 공무원 되기)

"당신이 누구인지 제대로 보여주지 못하는 집에 사는 것은 남의 옷을 입고 있는 것과 같다."

– 크리스천 디올

유명한 강연가, 유투브, 성공학 코치, 컨설턴트……. 이러한 분야에서 성공한 사람들을 살펴보면 공통점이 있다. 바로 자기 자신을 성공적으로 브랜딩(Personal Branding)했다는 것이다. 이들이 성공한 후의 모습, 결과는 엄청나다. 그러나 사람들이 그들에게 열광하는 이유는 따로 있다. 성공하기 전의 그들도 자신들과 별반 다르지 않은 사람이었다는 사실이다. 사람들은 그들이 성공하기까지의 경험과 긍정적인 마인드로 결실을 향해 걸어갔던 꾸미지 않은 과정에 공감한다.

사람은 누구나 직간접적으로 타인의 삶을 들여다보면서 자신과 동일시하는 습성이 있다. '나도 저렇게 할 수 있을까? 내가 저런 상황이었다면 어땠을까?' 하면서 말이다. 그리고 그들의 성공하기 전의 모습을 보면서 '저 사람도 했으니 나도 할 수 있겠지?' 하면서 힘을 낸다.

즉, 자신의 볼품없는 경험과 역사를 자신만의 색과 상징성을 지닌 보석으로 만드는 것이 '퍼스널 브랜딩'이다.

명품들은 어떤 브랜딩 전략이 있을까?

보통 일반적으로 어떤 상품을 마케팅하고 판매하는 데에는 통용되는 이론과 과정이 있다. 예를 들어 공급자와 수요자의 상관 관계, 동일산업 내 경쟁 구도, 대체재와의 경쟁 등. 그러나 명품은 브랜드 그 자체로 시대적 상황, 경제적 어려움, 마케팅이론 등의 장벽을 일시에 허물어버린다. 그리고 손 떨리는 가격에도 사람들이 지갑을 열도록 한다. 과연 무엇이 이 모든 것을 가능하게 할까?

우리가 너무나 잘 아는 '루이비통'이라는 브랜드를 예로 들어보자. 루이비통의 콘셉트(concept)는 '여행의 동반자(Life is Journey)'이다. 브랜드가 생존하기 위해서는 그것만의 상징성과 메시지를 고객들에게 인식시켜야 한다. 즉, 콘셉트란 고객들에게 '브랜드의 혼을 심는 것'이라고 볼 수 있다. 루이비통이 말하는 '여행'이란 단순히 그 브랜드의 가방을 가지고 휴가를 떠나는 것에 머무르지 않는다. 자아를 발견하는 인생길, 그 자체를 의미한다. 브랜드 콘셉트는 인간에 대한 진정한 고민으로부터 나온 메시지이다. 그리고 소비자와 브랜드는 그 메시지로 일생동안 대화를 나누며 살아간다고 볼 수 있다. 그리고 고객들은 오랜 역사를 지닌 명품 브랜드의 콘셉트와 이미지에 그만한 가치를 지불하고 합승한다.

잘 나가는 명품들은 공통점이 있다. 그것은 오랜 역사, 전통성, 창의성, 일관성, 진정성 등이다. 루이비통은 160년이라는 오랜 기간에 걸쳐 명품이라는 이미지를 쌓아왔다. 환경과 사람들의 기호 변화에 따라 가방의 모양과 특징에 부분적인 변화는 있었지만 여행이라는 그들의 콘셉트는 변함이 없다. 제품 자체보다 그들의 메시지를 효과적으로 각인시키는 것에 중점을 둔다.

100세 시대, 인간의 수명은 갈수록 늘어난다. 반면 사기업이나 공기업 등에서 일을 할 수 있는 나이는 상대적으로 줄어든다. 장기적인 계획이나 고민 없이 코앞만 보고 내달리면 금방 '노후빈곤'의 절벽을 만날 수 있다. 그러므로 직장을 다니고 있든, 사업을 하든, 취업을 준비하고 있든,

아니면 집에서 가정을 경영하든, 언제 어디서든 자신만의 강점을 찾아야 한다. 그리고 그 커리어를 꾸준히, 장기적으로 쌓아가야 성공적인 인생을 살 수 있다.

그렇다면 조직 안에서 자신을 브랜딩(Branding)하여 명품 공무원이 되기 위해서 어떻게 해야 할까? 일단, 나만의 '콘셉트'를 설정한다. 사람들이 나를 떠올렸을 때, 함께 떠오르는 이미지이다. 내가 사람들에게 각인시키고 싶은 나의 간판을 정하는 것이다. 가령 영어나 중국어를 특별나게 잘한다든지, 발표를 잘한다든지, 직원들끼리의 행사에서 노래나 춤으로 끼를 발산한다든지, 기획력이 우수해 예산 절감에 기여했다든지, 민원인들에게 친절한 직원으로 인정받는다든지 등 남들과 차별되는 매력적이고 끌리는 콘텐츠면 긍정적인 관심을 받는다. 시작은 미약해도 된다.

내가 속한 부서에 유달리 민원인에게 친절한 공무원이 있다. 그녀는 민원인이 다짜고짜 화를 내면서 말을 해도 그 감정에 매몰되지 않는다. 보통은 민원인이 타당하지 않은 이유로 먼저 화를 내면 공무원도 인간인지라 감정적으로 대응하기 마련이다. 그런데 그녀는 시종일관 어투나 톤의 변화 없이 친절하게 설명한다. 그래서 친절한 공무원상도 받았다. 그녀의 상냥함은 민원인에게만이 아니다. 동료들에게도 같은 태도로 일관

한다. 업무적으로나 사적으로 질문을 하거나 도움을 청하면 열 일 제치고 도와준다. 나는 그런 그녀를 존경하고 좋아한다. 함께 일할 수 있어서 감사하다. 그녀의 콘셉트는 '친절한 공무원'이다.

다음은 일관된 메시지로 사람들에게 전달되어야 한다. 콘셉트가 자주 바뀌면 각인되기가 힘들다. 한 메시지에 약간의 변화는 줄 수 있지만 근본적인 내용이 바뀌면 곤란하다.

마지막으로 지속성이다. 일시적인 것은 인정받는 '나' 브랜드로 연결되기가 어렵다. 일관된 콘셉트와 메시지를 지속해서 유지할 때 브랜드 가치로 인정받는다. 오랜 역사를 지닌 명품 브랜드가 사랑받는 이유도 여기에 있다.

타고난 재능도 있지만 무엇보다 공무원으로서 자신만의 콘셉트를 브랜드로 키워내는 데는 공부가 필요하다. 성공한 사람들은 정체되어 있지 않다. 끊임없는 자기계발을 한다. 흔히들 말하는 '시간되면 하는 공부'가 아니다. 자신을 차별화하는 데에 퇴근 후나 주말시간 모두를 투자한다. 시간과 노력은 기본이다. 요즘은 주식 투자를 위해 빚을 내는 사람도 많다는데, 자신의 가치를 높이기 위해 거액을 들여서라도 배우려는 열정이 필요하다. '나'라는 브랜드에 투자하는 것이다.

이렇게 나만의 브랜딩의 기초를 디자인했다면, 어떤 방법으로 구현하면 좋을까?

SNS는 나의 브랜드를 알리기에 가장 효율적인 수단이다. 우리 시에서는 오래전부터 전산 과정을 교육해왔다. 과거에는 한글 보고서, 엑셀, 파워포인트 등 공무원 직무 수행에 기본적으로 필요한 것을 교육했다. 그런데 몇 년 전부터 SNS 활용 방법, 동영상 편집, 유튜브에 영상 올리기 등을 교육하기 시작했다. 지방의 소도시라 해도 시대의 흐름을 타지 못하면 뒤처지기 마련이다. 그렇게 좋은 교육이 있었지만 조직의 특성상 함께 일하는 직원들도 배려해야 했기에 교육은 1회성으로 끝내야 했다. 많이 아쉬웠다.

그래서 근래에 개인적으로 비용을 들여 유튜브를 다시 배웠다. 영상을 찍고 편집을 하고 썸네일도 만들어 보았다. 물론 한두 번의 교육으로 능숙해지기를 바랄 순 없다. 꾸준히 업로드 하고 부족하나마 용감하게 포스팅해봐야 한다. 처음 유튜브에 영상을 올린 날에는 그것을 금방 내려버렸다. 부끄럽고 두려웠다. 뭐든 처음에는 용기가 필요하다. 서툴지만 과감히 시작하고 과정 속에서 배워야 한다.

블로그와 카페도 좋은 수단이다. 일주일에 한 번씩이라도 포스팅하려고 노력중이다. 다소 배우는 속도도 느리고 서툴지만 꾸준함을 이길 자는 없다. 블로그에는 몇 개의 글을 포스팅했다. 잇님들의 댓글도 많이 달렸다. 나도 그들의 블로그를 방문해 정성스러운 댓글을 단다. 한 걸음 한 걸음 걷다 보면 나만의 역사가 기록될 것이다. 내 관심 분야와 추구하는 가치를 오랫동안 담아내다 보면 그것이 나의 브랜드가 되어줄 것이다.

또 한 가지는 책을 쓰는 것이다. 타인의 경험과 노하우를 독서를 통해 익히는 것은 자기계발을 위해 가장 손쉽고 유익한 수단이다. 거기에 그치지 않고 내 생각과 경험을 글로 써서 나를 표현하는 것이다. 언제까지 인풋(In-Put)만 할 것인가? 이제 아웃풋(Out-Put)을 할 때이다. 글을 써서 책을 내면, 그 책이 나를 알리는 명함이고 영업사원이 되어줄 것이다.

이렇게 이루어진 '퍼스널 브랜딩(Personal Branding)'은 조직 내에서 나의 경쟁력을 높여줄 것이다. 게다가 '나'를 찾아가는 이 과정이 내 삶의 꿈을 이루는 데 발판이 될 것이다. 평생공부를 통해 '나'를 찾고 내가 원하는 내 삶의 주인공이 되는 것이다.

마지막으로, 아무리 능력이 뛰어나고 재능이 있는 공무원이라도 동료 직원들의 공감을 얻지 못한다면 아무 소용이 없다. 또한 민원인들에게 불친절한 공무원이라는 오명을 쓴다면 애써 만들어놓은 자신의 이미지는 '모래 위의 성'이 된다. 개인이 아닌 조직 생활이다. 무엇보다도 직원들과의 조화로운 생활이 중요하다. 즉 상대방을 배려할 줄 알고 적재적소에서 예의를 잘 지킨다면 당신은 이미 명품이다.

4

민원인을 내치는 말, 감동시키는 말!

이해인 수녀는 "호수에 돌을 던지면 파장이 일듯이 말의 파장은 운명을 결정짓는다. 오늘은 어제 사용한 말의 결실이고 내일은 오늘 사용한 말의 열매다."라는 문장을 걸어놓고 읽으면서 자신을 담금질한다고 한다.

전자파가 사람에게 해롭다는 건 모두 아는 사실이다. 그런데 말의 파동은 전자파보다 3,300배가 더 강하다고 한다. 말의 위력이 얼마나 큰지 단적으로 보여준다.

공무원에게 국민은 평생고객이다. 지방직 공무원이라면 재직기간 내

내 그 지역의 시민을 상대해야 한다. 어차피 계속 대면할 거라면 즐겁게 보는 것이 서로에게 행복한 일이다.

공직 생활 초기, 나는 업무 처리 중에 어려움에 부닥치면 그 순간을 모면하려 했던 것 같다. 여기서 벗어나면 다시 동일한 사안으로 반복되는 고통은 없을 줄 알았다. 그래서 피해갈 수 있으면 피하는 것이 현명하다고 생각했다. 그러나 회피하는 것은 답이 아니었다. 그것은 내게 부메랑이 되어 돌아왔다. 그들이 행복해야 내가 행복하다. 공직 생활 5년이 지나서야 이를 깨달았다.

그렇게 하려면 상대의 마음을 어느 정도 읽어야 한다. 민원인의 심리를 알면 민원은 저절로 해결된다. 그러기 위해 나에게 눈치가 있는지부터 생각하라. '눈치'의 사전적 의미는 '남의 마음을 그때그때 상황으로 미루어 알아내는 것'이다. '눈치가 있다'라는 말은 칭찬이다.

특히 조직 생활에서는 더욱 그렇다. 보통 사회 경험이 많거나, 적더라도 남을 배려하는 것이 습관화된 사람들이 눈치가 빠르다. 또는 가정에서 자라면서 이미 체득된 사람들도 있을 것이다. 보통 어른들이 말하는 '가정교육'이 잘된 사람이다. 만약 눈치가 좀 없다는 말을 듣는다면, 내가 다소 자기중심적이거나 둔감한 사람은 아닌지 돌아봐야 한다.

눈치를 챘다면 민감하게 반응해야 한다. 가령 민원인과 업무상으로 정신없이 이야기를 하다가도 상대가 딴 곳을 보거나 시간을 체크한다면, 바쁜 일이 있거나 지겹다는 의미로 파악할 수 있다. 그러면 나는 하던 얘기를 빨리 마무리한다든가, 그에 따라 대응을 다르게 해야 한다.

어느 소아정신과 의사에 따르면, 상대를 향한 민감함이 자발적으로 생기는 경우가 두 가지가 있다고 한다. 하나는 연인을 대할 때이고 두 번째는 엄마가 아이를 대할 때라고 한다. 이 두 경우에는 굳이 어떤 노력을 하지 않아도 된다. 본능적으로 상대를 향한 마음이 감각을 민감하게 만든다고 한다. 예를 들어, 가족들과 시끌벅적 떠들며 얘기하다가도 엄마는 건넛방에서 아이가 우는 소리를 귀신같이 듣는다. 이는 본능적으로 엄마의 감각이 아이를 향해 있기 때문이다. 그렇다면 민원인에게 공무원의 민감함은 어떻게 발휘될 수 있을까? '내가 만약 ○○○이라면' 하는 역지사지(易地思之)의 마음과 진심으로 상대를 이해하려는 노력이 그 열쇠가 될 수 있을 것이다.

이와 함께 내 앞의 민원인의 표정과 말투를 관찰하는 것도 중요하다. 우리 몸은 말을 한다. 가령 얼굴이 붉어진다 싶으면 뭔가 불쾌한 것이 있는지, 말이 빨라지거나 생략을 한다면, 갈 길이 급한 민원인인지 생각해 볼 수 있다. 상대의 외적인 신호를 주의 깊게 살펴서 반응하고자 노력한다면 어떤 민원인이 와도 실패하지 않고 센스 있는 공무원으로 인정받을 것이다.

그날은 조금 일찍 출근했다. 서둘러 나오느라 양치를 못 하고 껌을 씹으면서 출근했다. '9시 근무시간이 되면 뱉어야지.' 하고 업무 개시 전 준비를 하고 있었다. 민원실은 아침에 출근하면 일단 인감증명서, 주민등록 등·초본 용지를 프린트에 넣는다. 전날 퇴근시간에 프린트에 남아 있던 용지를 금고에 넣어두기 때문이다.

그리고 각종 증명서를 발급하면 인지, 증지를 찍어 민원인에게 준다. 민원인은 그에 대한 수수료를 지불한다. 그때 받은 수수료나 거스름돈을 모아둔 소형금고도 대형금고에서 꺼내놓는다. 그리고 컴퓨터를 켜고 전날 퇴근 후에 온 업무 메일이나 공문이 있는지 확인한다. 그날도 부서 내 공지사항은 없는지 등을 확인하고 있었다.

그때 중년 남자 한 명이 잰걸음으로 곧장 내 앞으로 다가오더니 다짜고짜 삿대질을 하며,

"아니, 공무원이 말이야 껌이나 씹고 이래가꼬 되겠어?"
"아! 죄송합니다. 뱉는 걸 깜박했습니다…."

나는 미처 시간을 체크하지도 못했다. 아직 9시 전이었다. 워낙 놀라고 갑작스럽게 당한 일이라 대뜸 사과부터 했다. 그에게서 풍기는 기운이 심상찮았다. 나는 최대한 부드러운 어조로 말했다. 그는 자기 누나의 초본을 발급해달라고 했다. 누나의 초본은 주민등록상에 함께 거주하지 않으면 발급이 불가능하다. 그 얘기는 하지 않았다. 일단 신분증을 받아 전산에서 검색부터 했다. 그는 혼자였다.

"형제자매끼리는 위임 없이 초본 발급이 어렵지만 어머니께서 오신다면 가능합니다."

"엄마 어디 있는지 몰라요."

"그럼 누님은요?"

"누나도 어딨는지 몰라. 그러니까 주소를 알아보려는 거지. 아~참! 답답하네!"

"나만 혼자 나두고 다들! XXX들! 세상이 이래가 되겠나? 공무원들이란 것들도 다 똑같아! 민원인 앞에서 껌이나 씹고 있질 않나. 나라 세금만 축내고 앉아서 하는 게 뭐야?"

그는 다시 흥분하기 시작했다. 이번에는 뒤쪽에 있는 직원들에게 분노의 화살을 쏘아댔다. 그때 나는 소리 지르는 그의 모습을 자세히 관찰할 수 있었다. 그는 밤새 술을 마셨는지 술 냄새가 진동을 했고 얼굴은 벌겠다. 큰 덩치에 셔츠는 대충 걸쳐 입었다. 셔츠는 단추가 두 서너 개가 풀린 채 바지춤에 넣는 둥 마는 둥 하였다. 눈은 잠을 못 잤는지 충혈되었고 살기까지 느껴졌다. 그 순간 나는 '침착해야 한다.'라고 마음속으로 되뇌었다. 한동안 내 앞에 서 있는 그가 소리를 지르도록 두었다. 어느 정도 감정을 쏟아냈는지 목소리 톤이 조금 누그러졌다.

"억울하고 속상한 일이 있으신 것 같은데, 여기 물 한잔 드시고 마음을 조금만 주저앉히세요." 하며 그에게 다가갔다.

다행히 그는 내 말에 반응을 했다. 그리고는 자기가 어렸을 때 엄마에게 버려졌고 누나와 함께 근근이 살다가 누나와도 헤어졌다. 찾으려야 찾을 수도 없었다. 세상이 싫다. 뭐 그런 내용의 딱한 사정을 주저리주저리 얘기했다. 갑자기 그가 상처받은 새처럼 가여워 보였다. 그리고는 그는 술이 좀 깼는지 아니면 분노를 어느 정도 풀어내서인지, 갑자기 인사를 꾸벅하면서 죄송하다고 했다. 그리고는 밖으로 나가는 듯하더니 시계를 흘긋 보았다. 그리고는 우리 쪽을 보며 "9시도 안 됐네." 하며 멋쩍게 나갔다.

그날, 나는 안도의 한숨을 쉬면서 '오늘도 무사히'를 중얼거렸던 기억이 난다. 상처 입은 짐승 같았던 그가 안식처를 찾았으면 좋겠다는 생각도.

민원인의 요구를 다 들어주지는 못한다. 안 되는 것은 안 된다고 단호히 얘기해야 한다. 그러나 적대적이지 않고 우호적인 태도를 유지해야 한다. 감정을 민감하게 읽어 진심으로 공감하려는 노력이 전달되면 좋겠다. 그러면 민원인은 마음속 실타래를 풀어낼 수도 있다. 인간은 입이 하나, 귀가 둘이다. 이는 말하기보다 듣기를 두 배 더 하라는 뜻이다. 민원인이 충분히 마음을 보여줄 때까지 들어준다. 감정이입을 하여 제대로 듣는다.

슬픔이든 분노든, 인간이 감정을 표출할 때는 항상 원인이 있다. 원인까지 알아냈다면 민원인이 조금이라도 만족하며 돌아갈 수 있을 것이다.

공무원을 찾아오는 민원인들은 다양하다. 찾아오는 용무, 그 사람의 성격, 살아온 환경과 사연들 모두 다르다. 그런데 매일매일 업무를 처리하다 보면 그 사람의 뒤안길을 살필 여력이 없을 때가 많다. 다양한 사람들에게 똑같은 말투와 어조로 얘기하게 된다.

나도 마찬가지다. 매번 온 정성을 다한다는 것은 불가능하다. 공무원도 사람이기 때문이다. 다만 '다른 것은 다르게, 같은 것은 같게'를 실천한다. 좀 더 경제적, 사회적으로 불안정한 사람들에게 따뜻한 태도로 대할 수 있도록 노력한다. 공무원의 말 한마디, 몸짓 하나가 민원인의 행과 불행을 결정짓는 에너지가 될 수 있다. 자주 혹은 가끔씩 나를 돌아보고 상대를 생각하는 마음이 있다면 노력으로 가능해질 것이다.

"말의 파장은 운명을 결정짓는다." 이해인 수녀가 신념처럼 생각한다는 글귀를 다시 떠올려본다.

5

슬기로운 공무원은 민원인도 춤추게 한다

"아가씨! 나 이거 좀 복사해줘."

"여기는 복사하는 데 아녜요. 문구점 같은데 가보세요."

"그러지 말고 복사 좀 해줘."

"몇 장이나 필요하신데요?"

"50장 정도."

"아~ 그렇게는 안돼요. 한두 장 정도면 몰라도."

"그러지 말고. 좀 해줘."

"죄송한데 안 됩니다."

점심시간이 다 되어갈 무렵이었다. 연로하신 한 어르신과 내 옆자리에 있던 직원이 옥신각신 대화를 이어갔다. 나중에는 그 어르신이 부서장에게 찾아가겠다고 언성을 높였다. 서러웠는지 눈물까지 그렁그렁 맺혔다. 한쪽 다리가 불편한지 지팡이를 짚고 힘들게 서 있었다. 나는 얼른 커피를 타 와 민원대 뒤로 돌아갔다.

"어르신, 몸도 불편하신데 자리에 앉으시고 좀 진정하세요." 하며 커피를 건넸다. 이미 자존심이 상했는지 커피를 받지 않으려 했다. 그리고 흥분된 목소리로, 여전히 울먹이며,

"내가 나라를 위해 싸우다가 다리가 이렇게 됐는데 그 알량한 복사도 하나 못 해줘? 우리 동네에 문구점이 어딨다고? 있어도 이 다리로 문구점까지 가라고?"

그제서야 옆에 있던 직원은 어르신께 잘못했다고 사과를 했다. 누가 봐도 불쌍한 할아버지였다. 그에게도 열정과 꿈이 있는 빛나는 젊은 시절이 있었을 것이다. 자신의 의지에 의했던, 강제에 의했던 나라의 부름을 받았을 것이다. 전쟁에서 다친 다리는 그의 여생을 고통의 그늘 속에 던져놓았을 것이다. 그들 대부분은 궁핍한 생활을 이어가고 있다. 그들은 마땅히 삶을 보상 받아야 하고 국민이 책임져야 한다.

안타까운 마음에 얘기를 들어주고 달래기를 한참 후, 그분은 복사한

용지를 들고 쓸쓸히 나갔다.

물론 공공 기관은 복사를 수십 장씩 해주는 곳이 아니다. 한두 장씩은 서비스로 해주기도 한다. 직접 해가라고 인쇄기를 허용하기도 한다. 복사를 많이 해간다면 스스로도 떳떳하지 못하다. 그것을 상식이라고 생각한다. 그러니 안 된다고 답한 공무원이 잘못한 것은 없다. 그렇지만 다 알고 있는 사실인데, 굳이 민원인이 고집을 부린다면 당신은 어떻게 하겠는가?

'여기서 다량의 복사는 곤란하다. 복사를 해주는 곳으로 가시라.'라고 하면서 일단 사실을 얘기하고 거절한다. 공공 비품은 시민의 세금으로 산다. 공적인 일에 사용하는 것이다. 개인이 마음대로 유용할 수 없다. 모두가 아는 상식이니 자신도 분명히 알고 있을 것이다. 이미 당당하지 못한 마음을 갖고 있을 것이다.

그럼에도 불구하고 고집을 피운다면, 대화를 해야 할 때이다. 민원인은 '설명'이 아니라 '대화'를 원할 때가 많다. 그리고 판단을 한다. 충분히 복사를 해주는 곳에 가서 비용을 지불하고 할 수 있는 사람인지, 나이나 신체 등이 취약한 계층인데다가 피치 못할 사정이 있는지. 후자라면 해줘도 무방하다고 생각한다. 융통성을 발휘할 때다. 저 할아버지처럼 여건도 안 되고 몸도 불편한 분이라면, 나라를 위해 희생한 분이라면 더욱더, 예외를 허락해야 하지 않을까?

의대생들을 봉사활동에 참여시킨 후에 체내 면역기능을 측정한 결과 면역기능이 크게 증강되었다. 또한 마더 테레사의 전기를 읽게 한 다음, 인체 변화를 조사했더니 그것만으로도 생명 능력이 크게 향상되는 변화가 나타났다.

– 마더 테레사 효과(하버드 대학 실험결과)

사기업은 보통 업무 처리로 실적을 낸다. 성과로 인정받는다. 이익을 내야 한다. 당신이 능률적으로 업무를 처리하며 기획력도 뛰어난 능력 있는 직원이라면 박수를 쳐주어야 한다. 그러나 공무원이라면 업무 처리 외의 플러스 알파가 필요하다. 그 알파를 나는 봉사 정신이라고 생각한다. 일부러 봉사 단체에 가입해서 열심히 활동하는 공무원도 보았다. 그러나 내가 말하고자 하는 것은 그런 것이 아니다.

공무원을 하기 전, 지체장애아들에게 벨리댄스를 일주일에 한 번 가르쳤던 기억이 있다. 지체장애아 2~3명당 한 분의 도우미가 있었다. 그들은 주로 자원 봉사하는 대학생들이었다. 단순한 동작들을 먼저 쪼개어 알려주었다. 그 후 음악을 들으며 반복했다. 그렇게 내가 앞에서 하면 중·고등학생 또래의 그들이 따라 했다. 아이들은 음악을 들으면 평소보다 흥분하는 경향이 있었다. 가끔씩 덩치 큰 아이들이 갑자기 뒤에서 내게 터치를 하기도 하고 밀치기도 했다. 처음에는 너무 놀랐다. 그렇다고 수업을 멈출 수는 없었다. 아무렇지 않은 척하려고 엄청나게 노력해야 했다. 그럴 때는 도우미 봉사자들이 제지를 하거나 심하면 데리고 나가곤 했다. 지체장애아들에 대한 이해나 전문지식이 없는 봉사는 한계가 있었다. 의욕만 내세우기보다 봉사 대상에 대한 이해와 공감이 바탕이 되어야 한다는 걸 깨달았다.

민원인도 마찬가지다. 그들을 먼저 이해하려는 마음이 선행되어야 한다. 그 이해가 어느덧 사람에 대한 이해로 이어진다면 더 좋겠다. 사람은 사람 때문에 상처받지만 사람 때문에 다시 힘을 얻는다. 사람은 '인정받고 싶다. 대접받고 싶다.'라는 기본적인 욕구를 가지고 있다. 상대방이 인정받고 대접받았다고 느낀다면 해결하기 힘들었던 갈등도 쉽게 해결될 수 있다.

민원인과 갈등이 표면화되면 여러모로 자신에게도 나쁜 영향을 끼친다. 일단은 그 일 때문에 남은 하루가 개운치 못할 것이다. 위의 예처럼 상처받은 민원인을 보며 본인도 좋은 마음일 리가 없다. 또한 민원인과의 마찰이 잦으면 조직 내에서도 나쁜 이미지가 생길 수 있다.

사람에 대한 관심에 인문적인 소양까지 더한다면 더욱 좋겠다. '인문적인 소양'이란 뭘까?

'사람을 먼저 생각할 줄 아는', '사람을 중심으로 생각하고 판단할 줄 아는' 능력이다. 의지만 있다면 누구나 가질 수 있는 자질이다. 정확하고 합리적이고 이성적인 것은 기계가 충분히 해낼 수 있다. 아니 훨씬 잘한다. 점점 컴퓨터가, 로봇이 공직 사회에서도 서서히 영역을 넓혀가고 있다. 이미 로봇이 민원실에서 활동하고 있는 도시도 있다. 아무리 뛰어나고 똑똑한 인간도 컴퓨터의 발전 속도를 못 따라 간다. 이제는 가장 인간다운, 공감 능력을 가진 인재가 필요할 때다. 전 세계의 고용주들도 직원 채용 시 인문적인 소양을 많이 본다고 한다.

2018년 서울대 수시 일반전형 면접에서 '〈방탄소년단〉의 해외 인기 이유가 무엇인가?'라는 질문을 했다고 한다. 정답이 뭔지 모르지만 이 기사의 내용과 일맥상통하지 않을까?

왜 세계의 청년들은 이리도 그들에게 열광할까? 물론 잘생긴 일곱 청년이 펼치는 칼 군무와 화려한 퍼포먼스 때문이다. 이것이 필요조건이라면 충분조건도 있을까? 필자는 BTS의 노랫말 속의 살아 숨 쉬는 '인문학'이 그것이라고 생각한다. 먼저 팀 이름부터가 그렇다. 10 · 20대 청춘들이 느끼는 고통과 절망을 '방탄자동차'처럼 막아주겠다는 연민의 마음이 들어 있다. 이들을 키운 PD 방시혁은 "즐겁고 행복한 노래 대신 이 시대 젊은이들이 겪고 있는 가혹한 현실을 가사에 담으려고 노력했다."라고 말했다.

그들의 노랫말에는 헤르만 헤세의 고전 『데미안』이 담겨 있다. "새는 알을 깨고 나오려 힘겹게 싸운다. 알은 세계이다. 태어나려고 하는 자는 세계를 깨뜨려야 한다. 새는 신에게로 날아간다. 그 신의 이름은 아프락사스다."

힘들지만 지금의 외로움을 견디고 '나만의 것'을 찾아 나서라고 격려한다. "절대 쫄지 말아/누가 뭐래도 넌 괜찮아/강해 너는 말이야/20세기 소녀들아/21세기 소녀들아/말해 너는 강하다고/말해 넌 충분하다고."('21세기 소녀' 중)

세계의 팬들이 BTS에게 보내온 메시지를 보면 공감의 크기를 짐작할 수 있다.

"절망의 밑바닥에서 아무도 위로해주지 않을 때 BTS의 음악 하나로 버텼어요."

"차마 마주 보기 힘들었던 제 모습을 똑바로 보게 되었고 이제는 사랑해야겠구나 하는 생각을 했어요."

"꿈을 포기하지 말라고, 져도 괜찮다고 말해줘서 고마웠어요."

"노래가 위로가 될 수 있다는 걸 처음 알았어요."

　　　　　　　　　– 〈매일경제신문〉, 강신장 한양대 특임교수, 2017. 12. 20.

지금 방탄소년단은 춤과 노래 그리고 인문학으로 전 세계 젊은이들을 위로하고 있다. 당신도 행복한 공직 생활을 하고 싶다면, 먼저 민원인의 아픔, 결핍과 갈증에 공감하라. 사람 냄새가 나는 인정 있는 공무원이 되어라. 상황에 따라 융통성을 발휘할 줄 아는 지혜롭고 슬기로운 공무원이길, 다 함께 시민의 〈방탄조끼〉가 되길 희망한다.

6

나의 가치는 내가 정한다

우리는 소유하고 싶은 대상을 끊임없이 생각한다. 또한 자신이 되고자 하는 이상적인 상(像)에 대해서도 자주 생각한다. 그 '이상적인'이라는 것의 기준은 뭘까? '~이래야 한다'와 같은, 대개는 사회가 이미 정해놓은 것들이다. 특히 조직 생활의 고전이 되어버린 공직 사회는 그 틀이 더 분명하고 강하다. 사회가 원하는 나의 모습과 개인이 원하는 모습 사이에서 접점을 찾기란 쉽지 않다. 어렵게 접점을 찾았다고 해도 그것이 영원할까?

사회는 빠르게 변한다. 그 속도는 점점 더 빨라지고 있다. 눈 깜짝하는 사이 오르내리는 주식처럼 변화의 속도는 순간이 되었다. 그 속도를 따라가겠다는 발상 자체가 미친 짓이다.

그러면 시간과 속도에 초연할 수 있는 것은 뭘까? '나다움'이다. 물론 올바른 인품의 토대 위에 세워진 것이라야 한다. 바른 태도는 배움과 노력으로 대체 가능하다. 나의 내면을 들여다보고 내가 원하는 모습과 소망이 그려졌을 것이다. 그런 다음은 나답게 어필하는 것이다. 나를 알려 삶의 무기로 삼아야 한다.

나의 가치를 높이고 알릴 수 있는 방법은 어떤 것들이 있을까? 직장생활을 하면서 우리는 수많은 다양한 사람을 만난다. 동료 직원일 수도, 민원인일 수도 있다. 그들의 태도나 언어를 보면서 우리는 예측하고 반응한다. '그 사람에게서 좋은 인상을 받았어.', '그 사람은 인상이 안 좋아.', '그녀는 좋은 사람 같았어.' 등등.

당신 스스로 가치를 높이고 싶다면, 다른 사람들이 당신의 가치를 계산하도록 내버려두지 마라.

— 팀 파고

매일매일의 행동은 나에 대한 데이터가 되어 누군가의 머릿속에 저장된다. 직접 관찰한 데이터일수도 있고 간접적으로 누군가에게 전해 들은 2차 정보일 수도 있다. 이것은 나의 의지와 상관없이 형성되고 제2의 '나'가 되어 돌아다닌다. 간과할 수 없다. 더러는 "남 얘기 신경 안 써! 떠들든 말든 무슨 상관이야!" 하는 부류들도 있지만 과연 그럴까? 내 의도와 다른 '나'가 떠도는 것을 원치 않는다면 적극적으로 올바른 '나'를 알려야 한다.

반대로 '나'라는 사람에 대해 그 어떤 소문도 없고 존재감이 없다면 어떨까? 사실 공무원들이 고개를 딱! 숙이고 존재감이 없어야 편하다는 말을 많이 한다. 두각을 드러내어 좋을 건 없다고. 똑똑하다고 소문나면 본청에서 불러들이고 고생만 한다는 것이다. 사실이다. 그러나 그렇게 주장하는 사람들도 심중에는 자신에 대한 좋은 평가를 받고 싶어 한다.

신규 공무원 시절, 한 부서에서 근무하면서 여러모로 고충을 겪었던 나는, 부서장과 상담을 요청했다. 그는 다른 부서로 이동해보는 건 어떠냐고 권했다. 대신 본청에서 읍면동으로 가면 존재감이 약해질 것이라고 했다. 그래서 꾸준히 본청에서 영향력 있는 분들과 연락을 유지하라고 충고했다. 적지 않은 나이에 들어왔기 때문에 승진이 늦어질 것을 걱정하셨던 것 같다. 그러나 그 후 한동안 나는 연락은커녕, 본청 근처에도 가기 싫어했다. 첫 부서에서 생긴 트라우마 때문이었다. 시간이 지나면서 점차 나쁜 기억에서 초연해질 수 있게 되었다. 그리고 그 부서장의 충고가 떠올랐다. 그동안 지우려고만 했던 내 존재를 깨워야 할 때가 된 것 같았다.

리처드 브랜슨은 『비즈니스 발가벗기기』에서 성공의 조건으로 평판 관리를 얘기한다. 자신의 명성을 보호하라고 한다. 잘못된 평판은 얼굴을 마주 대할 때보다 간접적인 소문으로 퍼질 때 치명적이다. 그러면 이를 위한 구체적 실천 요령을 살펴보자.

일단, 근무시간보다 2~30분 일찍 출근한다. 근무시간이 다 되어 '헐레벌떡' 들어오는 모습은 몇 번만 반복되어도 마이너스 이미지이다. 일찍 출근하여 공문이나 메일을 챙긴다. 그날 해야 할 일도 미리 머릿속에 그린다. 준비된 상태에서 민원인을, 혹은 업무를 맞이하라. 몇 십 분의 작은 시작이 모여 큰 차이를 만든다.

둘째, 가끔씩 남아서 일도 하고 동료와 소통도 하라. 일이 없는데 남아서 억지로 시간을 죽이고 있으라는 말이 아니다. 하려고 덤비면 얼마든지 일은 널려 있다. 물론 실제로 일이 많다면, 일이 많은 것을 티내라. 혼자만 전전긍긍할 필요는 없다. 도움을 받을 수 있다면 받는 것이 현명하다.

근무시간 내에 업무를 신속 · 정확하게 처리하는 것은 능력 있는 직원의 모습이다. 그러나 늘 퇴근시간까지 얄짤없이 챙긴다면 너무 곁을 안 준다는 느낌을 준다. 남아 있다 보면, 소수의 동료들과 근무시간에 하지 못한 얘기도 나눌 수 있다. 간혹 고급 정보(?)를 들을 수도 있다. 그리고 업무적으로 고민이 있을 때, 남아 있던 상사와 좀 더 편안하게 의견을 나눌 수 있을 것이다. 코로나19로 회식과 모임이 사라진 후, 상사나 동료들과 허심탄회하게 애기할 기회가 없어졌다. 퇴근 후의 시간은 잘만 이용하면 조직 생활에 윤활유가 될 수 있다.

동기 중에 남아서 일하는 것을 매우 싫어하는 직원이 있었다. 그녀는 근무시간에 잡담도, 여유도 접고 집중해서 일을 하고 '칼퇴!'하는 것을 좋아했다. 어느 날 상사는 매일 남아서 일하던 직원의 업무 중 일부를 그녀에게 얹어주었다. 다른 사람들은 대체로 남아서 일하다 가는데 그녀는 '땡!' 퇴근을 하니까 상대적으로 일이 적다고 생각한 모양이었다.

그녀의 칼퇴근이 오해를 낳은 것이다. 원인이야 어찌됐든, 그 동기는 억울했다. 그러나 하소연해봤자 이미 엎질러진 물이었다. 그녀는 본인이 옳다고 생각한 것을 실천했을 뿐이다. 맡은 일도 다 해냈다. 그런데 뜻하지 않은 과중한 업무와 교훈(?)을 얻었다. 물론 약속이 있을 때도 있고 개인적인 사정이 있을 때도 있다. 그렇더라도 조직 생활에서는 가끔은 남들과 보조를 맞춰야 한다는 것을 나도, 그녀도 알게 되었다.

셋째, 상대방을 존중하고 배려하라. 내가 존중받고 싶은 것 이상으로 상대를 존중해야 한다. 내가 받고 싶은 것을 상대에게 해주는 것이다.

"평판은 남이 아는 내 모습이고 명예는 내가 아는 스스로의 모습이다."라는 말이 있다. 다른 사람을 위한 작은 선행은 크게 드러나 보이지는 않는다. 그러나 내 인생에 차곡차곡 쌓여 내 영혼을 살찌운다.

지난해 내 옆에서 근무했던 직원이 있었다. 그녀는 배려심이 많았다. 많이 부족한 내 성향을 무던히도 잘 견뎌주었다. 그녀로 인해 그동안 공직에서 한 번도 느껴보지 못했던 안정감과 행복을 느꼈다. 그녀가 다른 부서로 발령 났을 때, "함께 일할 수 있어서 좋았다."라고 동료들과 나눠 먹을 수 있도록 간식거리와 함께 고마움을 전했다. 그녀는 알까? 함께 일했던 내가 이렇게 고마워하고 있는 것을. 나보다 어렸던(대부분 그렇다) 그녀를 나는 존경했다. 직급의 상하를 떠나서, 나이가 많고 적음에 상관없이, 나보다 훌륭한 인품을 가졌다면 존경할 만하다. 그녀가 그랬듯이 나는 이제 동료에게 따뜻한 사람이 되려고 노력 중이다. 그녀가 내게 남긴 선한 영향력이다.

넷째, 꾸준한 자기계발로 자기 가치를 올린다. 자기계발에 시간과 투자를 하는 것은 비단 조직 생활만을 위한 것이 아니다. 궁극적으로 내 삶의 질과도 직결된다.

'사교육→명문대→대기업·공무원→은퇴 = 성공한 삶'의 공식은 이미 깨진 지 오래다. 부모 세대의 신념이었던 '평생직장'은 없다. 대학 4년간 배운 것으로 30년씩 회사를 다니며 온 가족이 먹고 살 수 있었던 시절은 이제 유물이 되어간다. 100세 시대, 인생은 길고 평생고용은 없다. 새로운 것을 늘 배우고 트렌드를 읽어라. 안전지대라고 인기가 식을 줄 모르는 공무원도 언제 어떻게 될지 아무도 모른다. 업무를 하면서 부족하다고 생각되면 배워야 한다. 자부심을 가지고 적극적으로 일을 한다면, 그 과정에서도 배울 점은 많다.

나는 요즘 유튜브와 SNS를 배우는 데 시간과 돈을 투자한다. 그 동안 인스타, 페이스북은 조금씩 해오던 것이었다. 그러나 다양한 기능이 있는지도 몰라서 사진만 올렸다. 그런데 근래에 비용을 들여 인스타를 배웠다. 인스타에서 '해시태그(#)'와 '골뱅이(@)'의 기능을 알게 되었다. 이전에는 흉내만 냈다면 이제는 실질적인 기능을 알고 사용하게 되었다. 그 외에도 피드게시물, 릴스, 스토리, 스토리하이라이트, 리그램 등에 대한 개념도 알게 되었다.

예전에는 늘 나를 감추기에 급급했다. 이제는 좀 더 나를 알리고 드러내기를 주저하지 않을 것이다. 업무 추진에도 도움이 되겠지만 유튜브와 인스타 등을 활용해 적극적으로 타인과의 소통과 공감에 힘쓸 것이다. '나'는 나만이 바꿀 수 있다. 남이 아닌, 내가 인정하는 내 가치를 만들어 간다.

머리는 정적으로 몸은 동적으로 만들어라

사람의 성격을 분류하는 방법은 여러 가지가 있다. A, B, O, AB형별로 구분해놓은 혈액형별 분류가 있다. 성격 유형별 특징을 16가지로 나눠놓은 MBTI 검사가 있다. 또한 사상의학에서 사람의 체질에 따라 4가지(태양인, 태음인, 소양인, 소음인)으로 분류한 것도 있다. 이 밖에도 선호하는 과일에 따라 분류하는 등 그 종류가 다양하다.

자신이 어떤 유형인지 알아보는 것도 재미있을 것 같다. 나는 어떤 유형의 인간일까?

문제가 생기면 나는 오래 생각하는 편이다. 일단 모든 가능성을 머릿속에 풀어놓는다. 그리고 아닌 것을 제하고 버린다. 중간중간에 다시 정리하고 최종적으로 해답을 찾는다. 그런데 머릿속에서 결정이 나면 행동은 매우 빠르다.

그에 반해 신랑은 문제에 직면하면 바로 선택한다. 미리 걱정하는 일이 없다. 망설임도 없다. 직진이다. 그를 처음 봤을 때, '저런 사람도 있구나!' 하고 놀랍고 신기했던 기억이 난다. 그것이 엄청난 매력으로 보였으니 분명한 콩깍지였다. 그는 문제에 대해 깊이 따져보지 않고 덤비기 때문에 실패할 확률도 많은 편이다. 반면에 실제로 겪은 실패나 경험은 살아 있는 자산이 된다. 게다가 행동도 빠르고 민첩하다. 남들이 망설이는 시간에 벌써 행동으로 옮긴다. 생각만 하는 것보다 실패한 액션이 낫다. 실패를 하면 실제 상황에서 배우기 때문에 생각 속에서 논쟁하는 것보다 훨씬 생생한 교육이 된다. 그래서 재도전 시 성공률도 높아진다.

심리학 개념 중 병적 꾸물거림(morbid procrastination)이라는 것이 있다. 내일이 시험인데 공부를 하는 대신 핸드폰을 만진다든가 책상 정리를 한다. 마감이 코앞인데도 인터넷 서핑으로 시간을 보낸 경험이 있을 것이다. 이런 망설임은 선택이나 과제를 앞두고 두려움과 부담감이 크다는 신호다. 그래서 아무 상관없는 다른 것들을 하며 시간을 때우고 꾸물거리는 것을 말한다. 이는 지극히 자연스러운 현상이다. 하지만 일부는 그 정도가 심해 일상생활에 지장을 주기도 한다. 남들 눈엔 게으른 사람으로 비치기 십상이지만 그들의 내면은 해야 할 것에 대한 스트레스로 가득하다. 그들은 완벽주의자다. 머릿속에는 걱정과 스트레스, 또 계획과 생각이 넘쳐나지만 생각을 행동으로 옮기는 데 시간이 걸린다. 이를 완벽히 수행해야 한다는 강박 때문이다.

심각한 편은 아니지만 나도 비슷한 유형이다.

나는 〈한국책쓰기1인창업협회〉의 김태광 코치에게 글쓰기를 배웠다. 그는 25년 동안 250여 권의 책을 썼다. 책 쓰기 코칭의 달인인 그가 가르친 대로 한 결과, 글을 다 쓰기도 전에, 출판사와의 계약이 성사됐다. 마감 날짜는 다가오고 마음은 무척 조급했다. 직장을 다니면서 병행하려니 여간 바쁜 게 아니었다. 그런데 나는 책상 위에 노트북을 펼쳐 놓고 한참 화면을 쳐다본다. 그러다 일어나서 점심을 먹어야겠다며 밥을 차린다. 식사가 끝나면 바로 책상으로 가서 글을 써야 한다고 생각은 하면서 커피를 끓인다. 커피잔을 들고 노트북 앞에 앉지만 커피를 마시면서 글에 집중할 수 없다는 건 이미 알고 있다. 뭐 이런 식이다. 스트레스로 잠도 잘 못 자지만 실상은 그 시간을 생산적으로 이용하지 못한다.

하버드대 심리학 교수 탈 벤 샤하르에 따르면 완벽주의자는 결과에 초점을 두기 때문에 과정을 즐기지 못한다고 한다. 그리고 자신은 게으른 사람이라고 변명한다고 한다.

일하면서도 나는 이런 성향 때문에 스스로를 무단히도 괴롭혔다. 한 장짜리 보고서를 써오라는 상사의 지시가 떨어진다고 치자. 쉽게 일하는 직원은 똑같은 종류의 전임자나 선배가 작성한 샘플을 데이터로 받는다. 그리고 워드 형식과 글씨체, 크기 등은 그대로 두고 내용만 금세 바꿔서 제출한다. 신속하고 쉽게 한다. 그리고는 여유로운 시간을 보낸다.

나도 여기까지는 비슷하다. 그런데 그렇게 해놓고는 제출하지 못한다. 이미 다 쓴 내용도 더 좋은 말이 없을까 하며 붙잡고 다시 본다. 글씨체 며 크기, 구성 등에 손을 대기 시작한다. 그러기를 반복한다. 다시 볼 때 마다 왠지 더 완벽해지고 있다는 생각을 지울 수 없다. 정해놓은 기한까 지 붙들고 있다. 그러니 내 시간을 즐길 수가 없다. 욕심이다.

업무에는 여러 가지가 있다. 간단한 것부터 생각을 깊이 요하는 것까 지. 신규 공무원 시절, 나는 여러 가지 업무가 대기 중일 때, 쉬운 것부터 했다. 어렵고 부담스러운 것은 뒤로 미뤘다. 어려울 것 같다는 생각에 우 선 당장 피하려고만 했던 것 같다. 피한다고 피해지는 것이 아닌데도 말 이다. 쉽고 가벼운 것은 미뤄도 두렵지 않다. 어렵고 힘든 업무는 빨리 처리한 만큼 부담을 덜 수 있다. 지금이야 그동안 시행착오를 겪으면서 반대로 하는 것이 효율적인 것을 안다. 습관은 쉽게 고쳐지지 않는다. 미 완성을 견디는 것도 배움의 과정 중 하나일 것이다. 처음부터 완벽하게 하려고 욕심을 내면 시작도 어렵다. 무엇보다 중요한 것은 일단 시작하는 것이다. 그런 다음, 정교하게 다듬는 일은 비교적 쉽다.

2020년 상반기는 코로나19에 대한 공포가 최고조에 달했을 때다. 마스크는 수요에 비해 공급 물량이 턱없이 부족했다. 마스크까지 모자라니 사람들의 두려움은 더욱 커졌다. 어둠 속에서 적의 형체를 확인하지 못할 때 공포는 커진다. 당시는 코로나에 대한 대책도, 지혜도 부족할 때라 더욱 힘들었던 시기였다. 코로나에 대한 지원금이 나올 때였다. 정부에서 지급하는 것과 우리 시에서 지급하는 지원금이 연달아 나왔다.

전 국민은 물론, 전국의 공무원들도 처음 겪는 일이기에 업무 매뉴얼도 체계가 없었다. 전산 시스템도 제대로 만들어지지 않은 상태에서 그야말로 맨땅에 헤딩하며 만들어가야 했다.

읍면동 행정복지센터에는 마을별로 담당자가 지정되어 있다. 내가 속한 부서에서는 마을이 30여 개가 있었다. 공무원 한 명당 평균 두 마을을 맡게 되었다. 일단 주민전산시스템에서 마을별, 세대별로 명단을 뽑는다. 배부될 지원금을 세대별로 봉투에 넣는 작업을 한다. 그런 다음 다시 마을별로 쇼핑백에 담아 명단과 함께 담당자에게 나눠준다. 담당자는 그것을 금고에 넣어둔 후 각 마을 이장과 통화를 하여 기한 내에서 배부할 날짜와 시간을 정한다. 이장은 마을 주민들에게 배부할 날짜와 시간을 방송으로 알려준다. 모든 준비 작업이 끝나면 배부 당일 담당자는 약속한 시간과 날짜에 가서 배부한다. 마을 주민들이 같은 시간대에 몰려오면 마을이장은 마을 주민들을 순서대로 대기시킨다. 공무원은 한 사람씩 신분증을 확인하고 서명을 받은 후 지원금을 배부한다.

공무원은 주로 공문으로 의사 전달을 한다. 모든 공문은 전산화되어 있다. 하지만 아직도 많은 부분을 서류에 의존한다. 지원금을 배부할 때도 서명을 받는 서류는 매우 중요한 자료다. 받아도 못 받았다고 하는 민원인은 반드시 나온다. 코로나19로 인한 정부지원사업은 다양하다. 그러다 보니 민원인들은 헷갈린다. 사업명은 공무를 수행하기 위해 나눠 놓은 것이라 민원인의 눈에는 그게 그거다. 그런 일은 이뿐 아니라 거의 대부분의 업무에서 일어나기 때문에 항상 뭔가를 지급했을 때는 서명을 받는 것이 기본이다.

공무원들도 다양한 성향을 가진 사람들이 모인 집단이다. 매우 꼼꼼한 사람도 있고 덜렁거리는 성향을 가진 사람도 있다. 의자에 마냥 앉아서 일하는 것이 체질적으로 맞는 사람도 있고 현장에 직접 나가서 민원인들과 부딪히며 일하는 것이 맞는 사람도 있다. 내 성향이 이러니 나는 이런 일만 하고 싶다고 할 수 없다.

공무원이 되기 전까지는 선택권은 본인에게 있다. 그러나 일단 공무원이 되어 지방에 소속이 되면 부서에 대한 선택권이 없다. 간혹 고충 상담으로 인해 사정을 봐주는 경우는 있지만 어디까지나 예외사항이다. 그러니 주어진 일에 나를 맞추어야 한다. 특히 서류를 챙길 때, 돈이 개입된 사업을 시행할 때는 최대한 꼼꼼하고 신중해야 한다. 그러나 민원이 발생하면 언제든지 민방위복을 입고 뛰어나갈 행동력도 준비되어 있어야한다. 오늘도 '머리는 정적으로, 몸은 동적으로' 공무원은 스탠바이! 한다.

8

민원의, 민원에 의한, 민원을 위한

순환근무를 하다 보면 집에서 꽤 먼 곳에 발령이 나기도 한다. 보통은 집에서 편도 한 시간 이내에 위치한다. 크게 부담은 없는 거리다. 그렇더라도 업무가 많아 야근이 잦으면 조금 달라진다. 2019년 나는 집에서 4~50분 거리에 발령을 받았다. 내가 맡은 업무를 생각했을 때, 야근이 불가피한 상황이었다. 나는 야간 운전을 꽤나 무서워한다. 게다가 겨울에 눈이라도 온다면…….

눈이 내리면 공무원은 본인의 출퇴근이 문제가 아니다. 읍면동에 근무하게 되면 아침 일찍 출근해야 한다. 7시 정도에는 주민센터에 도착해야 한다. 물론 담당자들은 더 빨리 나와 있기도 한다. 청사 마당부터 민원인이 들어오는 입구와 주차장의 눈을 치워야 한다. 가까이 사는 직원들은 그나마 낫다. 멀리서 오는 직원들은 민원인의 안전을 위해 먼저 자신의 안전을 담보로 내놓아야 한다. 아무도 공무원의 안전은 안중에 없다. 나는 예전에 눈길에서 크게 한 번 사고가 난 후, 눈길 운행은 공포가 되었다.

고심 끝에 행정복지센터 근처에 원룸을 얻었다. 방을 얻어야겠다고 운을 뗐을 때, 집에서는 반대를 했다. 말도 안 되는 얘기라고 일축했다. 고민 끝에 일단 방을 얻고 계약을 한 다음, 집에 알렸다. 마음 편하게 일에 몰두하려면 그게 최선이라고 생각했다. 더는 어쩔 수 없다고 생각했는지, 아님 오죽하면 방을 얻었겠나 싶었는지 별 말이 없었다. 낯선 곳에서 가족과 따로 지낸 것은 처음이었다. 처음 한두 달은 잠을 이루기가 힘들었다. 그래서 아침에 깨도 개운치가 않고 멍하기가 일쑤였다.

한창 민원인에게 제 증명을 발급하고 있을 때이다. 한 아주머니가 옆 직원에게 다가갔다. 동생이 구치소에 수감 중인데 동생의 가족관계증명서를 발급받으러 왔다고 했다. 직원은 지침서에 있는 대로 수감자 신분증을 제출하고 위임장을 작성하라고 했다.

그녀는 동생의 신분증이 없다고 했다. 신분증이 없으면 신분증 재발급을 신청해서라도 가져와야 한다고 하니 거칠게 소리를 지르고는 나갔다.

다음 날 그녀는 점심시간에 다시 왔다. 민원실에 2명을 제외하고 모두 식사하러 나가고 없었다. 내 앞으로 와서 다시 같은 얘기를 하고는 발급해줄 것을 요구했다. 나 또한 그 전날과 같은 대답을 줄 수밖에 없었다.

"너그 아는 사람 와도 이렇게 하나? 저거끼리는 그냥 다 해주면서, 규정 같은 소리하고 있네."

편견과 오해를 사실로 확신하는 말에 할 말을 잃고 서 있었다. 어제보다 더 격하게 화를 내면서 욕까지 서슴지 않았다. 더 이상 대꾸할 의미도, 의욕도 잃고 고스란히 화살을 맞고만 있었다. 다행히 다른 민원인들이 오면서 그녀의 행패는 강제 중지되었다.

그녀는 그렇게 다시 돌아갔다. '또 오겠지?' 마음이 무거웠다. 아니나 다를까 그 다음날 전화가 걸려왔다. 그녀였다. 나는 이제 그녀의 걸걸한 목소리만 들어도 가슴이 두근거렸다. 이것이 언제까지 지속될지 두려웠다.

"저희도 해드리고 싶지만 어쩔 수가 없습니다."
"어쩔 수가 없기는? 공무원 니들끼리는 다 해주잖아. 내가 모를 줄 알고?"

"그렇지 않습니다."

"이렇게까지 얘기하는데, 안 해주나? 내가 네 옆에 있었으면 벌써 수십 번 칼로 찔러 죽였다."

가슴이 벌렁거리고 손이 떨렸다. 나는 멍하니 전화기만 들고 있었다. 다른 욕들은 그나마 그간의 경력이 있어 맷집으로 버틸 수 있었다. 그러나 마지막 말에 나는 이미 칼에 맞아 선혈이 낭자한 시체마냥 꼼짝할 수 없었다. 누가 들어봤겠는가! 그 이후에는 그녀가 뭐라고 했는지 기억도 나지 않았다. 그렇게 신나게 퍼부은 뒤 그녀는 전화를 끊었다. 욕받이. 순간 나는 그 단어가 떠올랐다.

그녀는 그렇게 끝내지 않았다. 계장에게 또 다시 전화했다. 계장은 듣고만 있지 않았다. '당신이 날 언제 봤다고 함부로 말하느냐.' 뭐 이런 식으로 할 말은 했던 모양이었다. 분했던 그녀는 이제 마지막 고지인 부서장에게 전화했다.

나와 계장은 부서장에게 불려갔다. 사건의 경위야 어찌 됐든, 윗선에서는 문제를 일으킨 결과 자체를 별로 좋아하지 않는다. 죄인 아닌 죄인마냥 부서장의 훈계를 듣고 묻는 말에 대답만 하고 내려왔다. 결국 수감자의 신분증은 받지 못하고 수감증명서로 대신해 발급해주었다. 담당자는 난데 나는 당당하게 끝까지 거부하지 못했다. 그때 나는 민원 업무를 잘 몰랐다. 다른 업무를 하다가 민원대로 자리를 바꾸고 며칠 만에 일어난 일이었다. 그때 규정대로 처리하지 못한 것이 끝내 후회로 남아 있다.

가끔은 헷갈린다. 어디까지가 민원을 위한 것일까? 민원인의 행패를 어디까지 견뎌야 훌륭한 공무원인가? 기준도 없고 한계도 없다. 민원인에게 당하는 것도 업무의 연장인가? 예전 공직에 처음 입직했을 때 어느 공무원이 한 말이 문득 생각났다. 우리 월급에는 민원인에게 얻어먹는 욕 값도 있다고. 물론 그분은 공무원의 일이 서비스직임을 알리고 싶었을 것이다. 민원인은 국민이다. 나도 국민이다. 공무원이기 전에 나도 국가의 보호를 받아야 할 국민이다. 공무원인 순간에는 국민이 아닌가? 퇴근하고 난 다음에는 국민인가? 말도 안 되는 소리다. 우리는 다 같이 보호받고 존중받아야 한다.

지난 2018년 경북 봉화군 어느 면사무소에서 엽총 난사 사건이 있었다. 사건이 일어나기 전 당사자는 자신의 민원을 해결해주지 않는 공무원 두 명을 쏴죽이겠다고 얘기하고 다녔다고 한다. 소름끼치는 일이다. 경기도 남양주시에서는 민원인이 읍사무소에 불을 지르려고 시도했다. 경기도 용인에서는 50대 민원인이 흉기로 사회복지 공무원을 찌르는 일도 있었다. 이 외에도 크고 작은 사건들은 이루 말할 수 없이 많다.

몇 년 전 민원실에 같이 근무하던 직원에게 편지 한 장이 도착했다. 교도소에서 온 것이었다. 손으로 삐뚤삐뚤 적어놓은 글의 내용은 이랬다. 사정을 자세히는 얘기할 수 없다. 교도소에 들어오고 나서 아내와 연락이 끊겼다. 아내가 나를 배신하고 떠나간 것 같다. 나는 아내를 사랑한다. 곧 있으면 출감한다. 아내를 찾아 잘 살아보고 싶다. 도와 달라. 아내가 어디 사는지 알아봐 달라. 그리고 편지 말미에 아내의 기본적인 인적 사항을 적어놓았다. 같은 팀에 있던 우리는 그 편지에 어떻게 답변을 해야 할지 다 같이 심각하게 고민했다. 워낙 공직에 일어나는 흉흉한 사건들을 많이 듣고 봐왔기 때문이었다. 지레 겁을 먹게 된다.

근본적인 대책이 필요하다. 이런 악성 민원을 언제까지 두고 볼 일인가? 이는 공직만의 문제는 아니다. 서비스직에 종사하는 사람이라면 누구나 공감하는 부분일 것이다. 감정노동자법이 시행되었지만 아직은 체감할 만한 변화가 보이지 않는다. 제도나 조직 차원에서 보호해 주기 전에 스스로 대응 방법을 알아보자.

먼저, 악성 민원인이 쳐놓은 감정의 늪에 빠지지 말아야 한다. 평정심을 잃지 않도록 애써야 한다. '내가 왜 이런 취급을 당하고 있지?'와 같은 생각을 의도적으로 지운다. 상황 안에서 핵심 문제만을 뽑아 머릿속에 저장한다.

두 번째, 원칙을 지킨다. '원래는 안 되는데 이번 한 번만 해드릴게요.'

이렇게 스스로 원칙을 허물면 안 된다. 그렇게 되면 점점 '그들'은 모여든다.

세 번째, 증거를 확보하고 기록으로 남긴다. 발생 일시, 민원인의 주장, 상황, 응대 내용 등을 기록한다. 악성 민원의 특징들 중 하나가 첫 민원 제기 후, 여러 경로를 통해 반복적으로 민원을 제기한다는 점이다. 그러면 감사실이나 윗선에서 수개월 전 일에 대해 사실 여부를 확인하는 경우가 발생한다. 녹음도 괜찮은 방법이다.

네 번째, 마지막까지 정중함을 유지한다. 빌미를 제공하면 안 된다. 꼬투리를 잡히면 안 된다. 악의적인 민원인에게는 절대 쉽게 사과를 하지 말아야 한다. 추후 그것을 자신에게 유리하게 악용할 수 있다.

국가가 국민을 위해 존재하듯, 공무원은 민원인을 위해 존재한다. 많은 공무원들이 최일선에서 민원인들을 위해 열심히 일하고 있다. 소수의 악의적인 사람들 때문에 감정노동자들은 일반인의 6배에 달하는 스트레스를 받는다고 한다. 예전에 비해 목소리가 커진 민원인들에 매일 노출된 공무원도 감정노동자라고 할 수 있다. 대다수의 선한 민원인들을 위해 써야 할 에너지가 소수의 악성(특별) 민원들로 인해 낭비되는 일이 없기를 바란다. 하루빨리 제도적 장치와 확실한 매뉴얼이 만들어지기를 바란다. 편안하고 즐거운 마음으로 오롯이 민원인의, 민원인에 의한, 민원인을 위한 업무에 집중할 수 있는 환경이 되기를 바란다.

나는 행복한 공무원입니다

제 5장

나는 행복한 공무원입니다

1

나는 행복한 공무원입니다

"사람, 내 의지와는 상관없이 어느 날 문득 손님처럼 찾아오는 생의 귀중한 선물입니다."

- 혜민 스님

"안녕하세요. 어르신? 어쩐 일로 오셨어요?"

"그냥 들러봤지, 주사 얼굴도 보고."

"잘 오셨어요. 식사는 하셨어요? 커피 한잔 드릴까요?"

"커피는 됐고. 시원한 물 한잔만 주면 고맙지."

대구시에서 가끔 자신의 농지를 둘러보러 오시는 분이다. 일반적으로 업무와 관련된 민원인들과 친분을 쌓는 일은 많다. 하지만 이분은 나와 연관된 업무가 없었다. 맞은편에 자리한 직원의 업무와 연결되어 방문하시곤 했다. 처음에는 눈인사만 하다가 조금씩 친해졌다. 그렇게 들를 때마다 인사를 하다 보니 반가운 사이가 되었다.

어느 날은 오시자마자 내게 손짓을 하셔서 따라 나가니, 샌드위치를 주셨다. 괜찮다고 어르신 드시라고 한사코 손사래를 쳐도 들으려 하지 않으셨다. 집에서부터 가져왔는지 샌드위치가 있던 가방이 얼룩이 졌다. 야채에서 물이 나온 모양이었다. 투박한 모양이 집에서 만든 듯했다. 어르신의 정성이 고마워 끝까지 물리칠 수가 없었다. 같은 부서 내에서 업무가 바뀐 지 얼마 되지 않은 날이었다.

"어디 갔나 한참 찾았네. 왜 여기 앉아 있어?"
"아! 오셨어요? 네, 이제 다른 업무를 맡게 됐어요. 그동안 잘 지내셨어요?"
"나야 뭐, 그렇지."
"우리 아들 사진 좀 찾아줄 수 있어?"
"아드님 사진을요? 어떻게 찾으면 되는데요?"
"응, 아들이 ○○지청 ○○○검사야."
"검사라고요? 우와~! 어르신 대단하세요. 자녀분을 검사로 키워내시다니!"

이런저런 얘기를 나누다 어르신은 갑자기 아들 사진을 찾아달라고 했다. 인터넷에 이미지에 검색해보니 바로 사진이 나왔다. 아들은 미남에다 부친만큼이나 인상도 좋았다. 그분은 평소에도 예의가 바르고 정이 많으신 분이었다. 세월이 만들어준 그냥 그런 어른이 아니었다. 삶의 마디마디를 성실하게 딛고 견뎌낸 어른다운 어른이었다.

그날 그분은 그렇게 돌려서 내 앞에서 자식자랑을 하고 싶었나 보다. 그 마음을 느끼고 나는 그분이 진정으로 기뻐할 수 있게 찬사를 아끼지 않았다. 민원인이 오는 바람에 긴 얘기는 못 하고 가셨다.

그런데 나가셨던 그분이 갑자기 다시 오셨다. 그리고는 손가락 두 마디 만하게 접은 종이를 던지듯 하시고는 부리나케 나가시는 것이었다. 꼬깃꼬깃 접힌 종이를 펴보았다. '점심이나 사먹어'라는 메모와 2만 원이 들어 있었다. 나는 놀라서 벌떡 일어났다. 그 즉시 돈을 들고 할아버지를 쫓아갔다. 저 멀리 뒷모습이 보였다. "어르시~~ㄴ!" 크게 소리치며 달렸다. 내 목소리를 듣자마자 어르신은 도망치듯 내달렸다. 조그마하신 분이 어찌나 빠른지. "너무 작은 돈이라 영란법에도 안 걸려~! 밥 한 끼 사주고 싶었어. 쫓아오지 마." 어르신은 계속 달리면서 큰 소리로 말했다.

결국 돈을 돌려드리지 못하고 터덜터덜 돌아올 수밖에 없었다. 이 돈을 어떻게 해야 할까 고민에 빠졌다. '왜 어르신은 돈을 주셔서 나를 고민에 빠뜨리나. 고마운 마음은 알겠지만 공무원의 입장도 생각해주셔야지.' 하는 원망 아닌 원망을 했다. 그러나 곧 '어차피 또 오실 거니까 그때 돌려드리자.'라고 생각하니 마음이 편해졌다. 그 얼마 후 나는 다른 부서로 옮겨오게 되었고 그 어르신을 다시 만나지 못했다. 연락처도 없다. 연락한다고 한들, 돈을 다시 받을 분도 아니었다. 언젠가는 다시 만나겠지. 나는 아직도 그 꼬깃꼬깃한 메모지와 돈을 가지고 있다. 그것을 보고 있으면 행복하다. 어르신의 따뜻한 마음을 간직하고 있는 거니까. 담에 뵈면 내가 먼저 식사 한끼 하자고 말씀드려야겠다.

공직에서 근무를 하면서 다양한 사람들을 만난다. 업무적으로 엮인 관계이지만 좋은 인연은 직장생활의 활력소가 되고 기쁨이다. 본청보다는 읍면동에서 일할 때 이런 행복을 맛볼 일이 많다. 업무를 가까이에서 보조해주시는 마을 이장님들도 그들 중 하나다. 연초에 눈코 뜰 새 없이 바쁠 때, 어떤 이장님은 닭을 튀겨 오셨다. 또 어떤 분은 빵이나 사탕을 사며시 책상 위에 올려놓고 가시기도 했다. 크든 작든 나를 지지해주는 그들의 마음이 느껴져 행복하다. 그들의 관심으로 힘을 얻어 더 열심히 일하게 된다. 그리고 그 좋은 에너지는 다시 그들에게 흘러가게 된다.

"강풍이 자주 부는 미국 서부 해안에는 세쿼이어 나무가 산다. 이 나무는 뿌리가 얕아서 바람에 쉽게 날아갈 것 같은데, 거센 강풍이 불어도 쉽사리 날아가는 법이 없다. 혼자 자라지 않고, 꼭 여럿이 숲을 이루어 얕은 뿌리지만 서로 단단히 얽혀 있기 때문이다."

– 오종환, 『행복할 때 살피고 실패할 때 꿈꾸라』에서

취업 포털 인크루트가 올해 직장인들의 이직 사유를 조사했다. 그 중 1위가 '복리후생과 근무환경'이다. 10년 전에는 '연봉'이 1위였다고 한다. 그러나 헤드헌터들의 말에 따르면 이는 사실과 다르다고 한다. 실제로 직장을 그만두는 이유 중 1위는 '인간관계' 때문이라고 한다. 업무량이 많아 힘든 것보다 사람 때문에 생기는 압박을 견디지 못한다는 사실이다.

직장에서 보내는 시간은 생각보다 많다. 하루 8시간씩 주 5일 하면 기본 40시간이다. 연장근무 12시간을 더 할 수 있다. 그러면 총 주 52시간이다. 하루 평균 10시간 넘게 직장에 있는 것이다. 가족보다 더 많은 시간을 보낸다. 긴 시간 동안 서로 다른 사람들이 섞여 일을 한다. 그러다 보니 많은 사람이 인간관계에서 오는 갈등 때문에 회사생활을 버거워한다. 공직도 이와 별반 다르지 않다. 한 부서, 한 팀에서 함께 일하는 사람과 코드가 맞지 않으면 매일이 고역이다. 공직에는 순환근무가 있다. 1, 2년 내에 다른 곳으로 이동할 수 있다는 것을 알고 있으므로 견딜 수 있다. 타 부서로의 이동은 새로운 전환점이 된다. 새로운 환경, 사람, 업무

가 주어진다.

　부서 이동을 한 후, 지내다 보면 이전 부서에서 겪었던 일들이 객관화되어 생각난다. '그때 이렇게 해볼 걸.' '내가 좀 더 살갑게 다가갈 걸.' '아! 그때 그 일은 내가 잘못했네.' 등 제3자의 시선으로 바라볼 수 있게 된다. 새로운 부서에서 더 심한 사람을 만나면 '아! 그래도 전에 그 사람이 괜찮은 사람이었네.' 좋은 사람을 만나느냐 그렇지 못한 사람을 만나느냐는 복불복이다. 그러나 가장 중요한 것은 내 마음이다. 내가 마음이 풍요롭고 긍정적이면 안 좋은 사람이 없다. 내가 편협하고 불평불만이 많으면 좋은 사람에게서도 오점만 찾으려 한다.

　시간이 지나고 경력이 쌓이니 한결 마음이 넉넉해진다. 이제는 업무를 함께하는 동료는 직원이 아닌 한 사람으로 본다. 그들과 어려움을 함께 나누고 즐거운 얘기로 꽃을 피운다. 서로 배려해주고 도와준다. 옆 동료가 아프면 왜 아픈지 물어보고 약도 챙겨준다. 악성 민원이 와서 문제가 커질 때는 서로 방법을 강구하고 해결 방안을 찾는다. 그들의 예쁜 모습, 선한 모습만 눈에 들어오는 요즘이다.

　팀장이나 부서장을 제외하면 대체로 나보다 어린 사람들과 일한다. 늦게 들어온 덕분이다. 그들에게서 많은 것을 배운다. 젊은 사람들의 생각, 그들의 방식, 참신함, 당당함을. 내가 젊고 행복하게 살 수 있는 비결이다.

2

내 삶의 온도는 99.9℃

"이만하면 됐어. 충분해. 내일하자. 이런 유혹에 포기하고 싶을 때가 있다. 하지만 이때 포기한다면, 안 한 것과 다를 것이 없다. 이 순간을 넘어야 다음 문이 열린다. 그래야 내가 원하는 세상으로 갈 수가 있다. 99도까지 죽을힘을 다해 온도를 올려두어도 마지막 1도를 넘기지 못하면 물은 영원히 끊지 않는다. 물을 끊이는 것은 마지막 1도. 포기하고 싶은 바로 그 1분을 참아내는 것이다."

— 피겨여왕 김연아

성공한 스포츠 스타가 아니라 끊임없이 성장하는 사람으로 기억되고 싶다는 김연아! 그녀는 지금도 열심히 또 다른 문을 두드리고 있을 것이다.

나는 영어에 관한 한 미련이 많다. 유창하고 부드럽게 물 흘러가듯 말하는 외국인의 발음은 예술이자 음악이다. 한 번에 3문장 이상을 끊지 않고 말할 수 있을 정도가 되는 것이 나의 로망이자 꿈이었다. 나에게 영어는 생업이나 여행을 가기 위한 수단이 아니었다. 그 자체로 나의 목적이었다. 그래서 여전히 영어를 위한 문을 두드리고 있다.

그렇다고 내가 언어 능력이 남다르게 뛰어난 것은 절대 아니다. 나는 남 앞에서 우리말도 잘 못한다. 내가 말을 잘 못하는 원인을 분석해보았다.

먼저, 지금은 좀 하는 편이지만 예전에는 말을 거의 하지 않았다. 사람들과 앉아서 대화하는 것을 별로 즐기지 않았다. 사실 말하는 것을 귀찮게 생각하는 스타일이었다.

둘째, 남들 앞에서 말을 해야 하는 상황에 처하면 벌써 불안해진다. 물론 목소리도 분명하지 않고 얼버무리는 스타일이다. 목소리에 힘도 없다.

셋째, 대화를 할 때, 상대방이 말을 하면 잘 듣지 않는 편이었다. 다음에 내가 무슨 말을 할지에 대해 생각하느라 여념이 없다. 그리고 내 위주로만 말을 했던 것 같다. 곧잘 흥분하기도 했다. 상대방이 말할 틈을 주지 않았다.

넷째, 생각이 너무 많다. 특히 남들 앞에 섰을 때는 너무 많은 생각이 오히려 어떤 말도 선택할 수 없게 만들었다. 그리고 '저들이 나를 어떻게 생각할까? 이런 말을 하면 비웃겠지?'라고 생각하느라 내가 무슨 말을 하고 있는지에 집중할 수 없었다.

다섯째, 항상 틀리지 않으려고 애쓰다 보니 경직되어 더 많은 실수를 하게 되는 것 같다. 완벽해야 한다는 생각에 내용을 미리 적어 대본을 만들어놓는다. 말을 하다가 대본 내용이 생각나지 않으면 머릿속이 하얘지고 더 당황하게 된다.

말하는 것을 귀찮아한다던 내가, 예전부터 영어를 유창하게 하고 싶다는 소망을 가졌다는 것은 뭔가 모순이 있어 보이지 않는가? 말하기는 대화이고 영어도 결국 언어이므로 대화를 즐기는 사람이 빨리 익힐 수 있을 것이다. 지금에서야 이 논리를 깨달았지만 예전에는 그런 생각을 못 했던 것 같다.

영어를 잘하기 위해 나는 어떤 노력을 했을까?

영어 학원 강사를 하면서 학원에 같이 근무하는 외국인과 대화를 하려고 노력하였다. 따로 만나 밥을 사주고 집에도 데려가고 하면서 나는 그에게 한국 문화를 체험하게 해주었다. 그리고 나는 그의 나라 문화와 언어를 배우고자 하였다. 그러나 그가 귀국을 하면서 그 노력도 끝이 났다.

그 후 영어 학원을 그만두고 아들과 필리핀으로 두 달 동안 어학연수를 떠났다. 미국이나 호주로 가고 싶었으나 일단 짧은 기간 먼저 체험해 보기로 했다. 두 달 동안 필리핀 강사들과 매일 대화를 하다 보니 회화 실력이 느는 듯 보였다. 그러나 귀국 후에 언어를 사용하지 않으니 더 이상의 발전은 없었다.

뭔가 의욕은 있으나 방법을 모르니 항상 답답했던 것 같다. 그러다 경북외국어대학교에서 주관하는 영어 청년 강사를 뽑는 광고를 보았고 지원했다. '청년' 강사이다 보니 내가 될까 싶었지만 일단 시도했다. 그때 내 나이 39세였다. 그리고 최고령 영어 강사가 되었다. 연수를 받고 학교에 영어 강사로 배치되었지만 8개월이란 짧은 기간에 끝이 났다. 이상하게 뭔가를 끊임없이 도전하고 실천하는데도 불구하고 하는 것마다 허무하게 끝나버렸다.

그 외에도 나는 한때 벨리댄스에 열정을 쏟았다. 당시 벨리댄스가 불모지였던 지방에서 취미로 시작했다. 재즈보다는 힘이 있으면서 신비로운 음악, 인간의 신체를 더 아름답고 돋보이게 하는 감각적인 동작, 여신을 연상케 하는 우아하고 화려한 공연 의상!

처음 눈앞에서 강사진들의 공연을 보고 소름이 돋았다. 그리고 주 2회 수업을 위해 회원 등록을 하였다. 그러나 나는 첫날 이미 공연 단원을 염두에 두고 시작했다. 회원 등록 한 달 후 강사반에 등록하고 시험을 준비했다. 물론 강사가 되어 공연도 했다.

그리고 지부장이 되었다. 교육이 있는 곳이면 어디든 갔다. 최고라는 타이틀을 단 댄서라면 어디든 그가 가르치는 곳으로 가서 배웠다. 국내든 국외든 중요치 않았다. 그런데 거기에서 끝이었다. 더욱더 최고가 되고 싶었지만 비전은 거기까지였다. 선택지가 잘못된 것일까? 내 열정이 모자랐던 것일까? 어떻게 무엇이 되고 싶다는 생각도 계획도 없었기 때문이었다. 목적지가 없는 도전이었다. 열정을 위한 열정이었다.

그렇게 내 도전은 완성되지 못하고 아쉬움으로 끝났다. 늘 뭔가 부족한 기분이 들었지만 그 실체를 찾지 못했다. '그동안 고생을 할 만큼 했는데 안 되는 거면 안 되는 걸 거야.' 하는 그 순간이 성공의 시작일 수 있었다. 그 깔딱 고개를 넘겨야 했었다.

누군가는 이걸 해도 잘되고 저걸 해도 잘된다. 뭐든지 잘하는 사람은 자만심이 생긴다. 그래서 꾸준히 못 하고 이것저것 바꾼다고 한다. 그러나 나처럼 '이걸 해도 안 되고 저걸 해도 안 되니 내가 잘하는 일을 하자.'라고 생각해 한 가지 일만 했는데도 결과가 없다면 1%가 부족한 거다. 산은 정상에 오르기 바로 직전이 가장 힘들다고 한다. 내가 가진 에너지를 다 써서 올라왔기 때문이다.

물은 100℃에 이르지 않으면 결코 끓지 않는다. 증기기관차는 수증기 게이지가 212℃를 가리켜야 움직인다. 99도, 게이지 211에서는 절대로 변화가 일어나지 않는다.

공무원 시험도 1점 차이로 합격과 불합격이 갈린다. 올림픽은 불과 0.01초 차이로 메달 순위가 바뀐다. 다 끝났다 싶을 때 한 번 더 살펴보고, 더 이상 길이 없다 싶을 때 한 걸음 더 나가야 '변화'가 온다는 것이다.

저자 김태광은 『100억부자의 생각의 비밀』에서 이것 조금, 저것 조금하다가는 평생 메뚜기인생을 살다 간다고 말했다. 나는 냄비를 여기 저기 여러 개 올려놓아서 물을 못 끓인 것이다. 에너지가 분산되어 1도를 못 채우고 불이 꺼져 버린 것이다.

그렇다 하더라도 내가 살아온 과정을 후회는 하지 않는다. 99℃의 여러 냄비가 있었기에 1℃를 채워 성공할 수 있는 가능성도 있는 것이다. 99℃가 없으면 1도는 아무 소용이 없다.

역도 선수가 1kg의 바벨을 드는 것은 일도 아니다. 그러나 99kg에서 1kg을 얹어 들기는 어려운 법이다. 99kg이 있었기에 1kg만 더해서 체급을 올릴 수 있었을 것이다. 그리고 그 다음이 있고 또 그 다음이 있다. 그리고 금메달을 목에 걸 수 있는 것이다.

나에겐 그동안 지펴놓은 99℃의 인생이 있다. 만반의 준비가 되어 있다. 이제 나는 한곳으로 에너지를 모으고 있다. 남은 건 내가 원하는 소망 한 가지에 온 힘을 다해 1℃를 채우는 일이다. 그리고 다음 문을 열면 내가 원해왔던 내가 거기 있을 것이다.

3

나의 시련이 누군가의 등대가 되다

첫 발령지에서 9개월이 되어 갈 무렵, 나는 사직을 결심했다. 가면 뒤에 나를 감추고 하루하루를 연명하고 있었다. 그때는 공직에 들어온 후, 하루도 마음 편하게 웃어본 기억이 없는 것 같았다. 퇴근을 하고 집에 오면 다음 날 출근생각에 집도 안식처가 되지 못했다. 출근시간, 자동차에 올라타면 곧바로 어딘가로 가버리고 싶은 날도 많았다.

몸은 여기저기 고장이 나기 시작했다. 힘들 때마다 웃자고 스스로를 타일렀다. 그 와중에도 미모는 챙기겠다고 자주 거울을 봤다. 40대는 자신의 얼굴을 책임져야 한다는데 이따위에 내 인상이 삭막하게 바뀌는 건 싫었다. 그럴 때마다 책상 위에 있는 조그마한 거울을 보며 억지로 웃음을 지어보았다. 근데 거울 속의 내 표정은 자꾸만 일그러졌다. 숨을 쉴 공간이 없어 화장실을 찾았다. 잠시라도 내 마음을 어루만져줘야 했다. 그러나 눈물과 한숨만 나왔다.

어쩌다 이렇게 되었을까? 화려한 무대에서 관중들의 환호를 받았던 난데, 회원들과 제자들을 가르치고 이끌었던 난데, 여러 명의 직원들을 거느리며 음식점을 운영했던 난데, 어쩌자고 이런 소굴에 들어야 냉대와 굴욕을 견디고 있나? 부정적인 생각은 하면 할수록 점점 더 커졌다. 내 기분은 매일 우울의 늪으로 걸어 들어가고 있었다.

결정을 내릴 수밖에 없었다. 그때까지 공직 생활이 어떻게 돌아가는지 알 리 없었던 내게 하루하루가 앞이 보이지 않는 터널이었다.

나를 무너뜨리려는 보이지 않는 힘에 굴복하고 싶지 않았다. 안간힘을 쓰고 버텨보았다. 그러나 더는 안 되었다. 9개월을 다닌 것도 대단한 것이었다. 더 버텼다가는 마르고 삭막해진 내 영혼이 바스라질 것 같았다. 가족도 더는 말리지 못했다. 점점 회색이 되어가는 나를 보면서 그들도 함께 불행해졌다.

간혹 젊은이들이 조직 생활을 견디지 못하고 극단적인 선택을 한다.

사람들은 얘기한다. 다닐 때가 거기 밖에 없나? 죽을 각오로 다른 일에 도전하면 못 할 것이 없을 텐데, 왜 죽음을 선택하느냐고. 나는 알 것 같았다. 거대 조직과 보이지 않는 힘의 산맥에 갇혀 있다고 느낄 때, 뇌도 닫혀버린다. 이미 절망에 매몰된 영혼은 이성적인 판단이 힘들다. 40대 중반이 넘은 나도 그러한데 하물며 20대의 젊은이들은 오죽할까?

마음의 결정을 내리고 나름대로 세운 사직 계획을 진행 중에 있었다. 유일하게 사람 냄새가 났던 직원이 있었다. 그나마 내게 산소를 공급해주었던 그녀에게 인사는 해야 할 것 같았다. 그녀를 따로 불러 속내를 말했다.

"왜 그런 인간들 때문에 언니가 그만둬요? 공무원 되기가 얼마나 어려운데……."

"괜찮아. 이미 결정했어. 결정하고 나니 맘이 좀 편안하네."

"언니 힘든 거 내가 모르나? 그래도 이건 아녜요. 어렵게 합격해서 왜 그만두려 해요? 안 돼요. 다시 생각해봐요."

긴 고민 끝에 어렵게 결정한 선택이었다. 강경한 태도로 말리는 그녀에게 선뜻 어떤 대답도 못 했다. 그만둔다고 마음의 결정을 하면 날아갈 듯 기쁠 줄 알았는데 그렇지도 않았다. 내가 무너지기를 바라는 존재에게 무릎을 꿇은 기분이었다. 패배자, 도망자가 되는 것은 죽기보다 싫었다.

  그녀의 얘기가 여기까지로 끝났으면 나는 그녀의 위로를 고맙게 생각하고 내 결심을 그대로 진행했을 것이다. 그런데 그녀는 대안을 제시했다. 공직에 20년 가까이 근무했기에 할 수 있는 제안이었다. 선택은 내가 하는 거였다. 고민 끝에 나는 그녀의 충고를 받아들였다. 제2안을 실행해보고 끝내도 늦지 않을 것 같았다. 끝까지 최선을 다해야 했기에, 마침표를 보류하고 쉼표를 찍기로 했다. 얼마 후, 나는 1년 2개월을 찍고 첫 부서를 탈출했다. 공직 생활은 계속되었다. 첫 부서에서 의지 하나로 버티고 있었던 내게 그녀는 등대가 되어주었다. 요란한 함성은 없었다. 내가 목적지도, 방향도 모른 채 비틀거리고 있을 때, 그녀는 한 발짝 내디딜 수 있게 따뜻한 불빛을 던져주었다.

  "무엇을 보고 어떤 방향을 선택하느냐에 따라 삶은 전혀 다른 모양을 빚어낸다."

— 창용파, 『이타경영』

  두 친구가 있었다. 고등학교에서 그들은 문제아였다. 둘 다 불우한 가정에서 자라 황폐한 마음을 비행행동으로 풀었다. 둘은 어울려 다니며 크고 작은 사고를 쳤다. 어느 날 누군가의 자동차를 심하게 망가뜨렸다. 그래서 두 친구는 소년원에 가는 대신에 각각 몇 시간의 교육이수 명령을 받게 되었다. A라는 아이가 교육을 받는 곳에서 그를 눈여겨보던 한 선생님이 있었다. 그는 A에게 "너에게는 다른 아이들에게 없는 특별한 학습능력이 있다. 소중한 능력을 잘 키웠으면 좋겠다."라고 말했다. 그리고 그를 관심과 사랑으로 지켜봐주었다. 그 후, A는 무엇이든 열심히 했다. 대학에 가서도 수석으로 장학금을 받고 계속 공부를 이어갔다. 그때 그 선생님의 기대와 관심 그리고 긍정적인 말 한마디가 그를 변화시켰다. 그리고 훗날 그는 검사가 되었다. 그리고 첫 공판이 있던 날 그가 맡게 된 죄수는 그 옛날 그와 어울려 다녔던 친구였다.

B는 어렸을 때와 다름없는 환경에서 비슷한 사람들에 둘러싸인 채 성인이 되었다. A에게는 그가 아주 특별한 사람이라고 말해주고 이끌어준 단 한 명의 어른이 있었다. 그 선생님의 긍정적인 확언 한마디는 A를 빛나는 사람으로 바꿔놓았다. 한때는 같은 처지에 있던 두 친구의 운명이 극명하게 갈렸다. A가 그 선생님을 만난 시점에는 종이 한 장의 차이였다. 그러나 자라면서 서로의 방향이 점점 벌어지기 시작했다. 그리고 성인이 되었을 때, 그들의 삶은 엄청나게 달라져 있었다.

벌써 공직 생활 6년차에 접어들었다. 그때 그녀의 진심어린 한마디가 없었다면 나는 이 자리에 없었을 것이다. 어쩌면 돌아서 다시 공직에 올 수도 있었을 것이다. 그러나 자존감이 훼손된 상태에서 그 과정은 더 힘들었을 것이다.

매년 수많은 사람이 공직에 새로 들어온다. 그리고 1, 2년 내에 그만두는 젊은이들이 늘고 있다. 때론 극단적인 선택을 하는 이도 있다. 참 안타까운 일이다.

나는 다행히 좋은 인연을 만나 결정적인 순간에 코칭을 받을 수 있었다. 그리고 지금은 그때 한 선택을 후회하지 않는다. 몇 년간 근무를 하면서도 나는 힘든 시절에 겪었던 경험들을 잊지 못한다. 그리고 지금은 나와 같은 고통을 겪는 분들이 있다면 내가 그들의 카운셀러가 되고 싶다. 공감과 상담이 필요하다면 꼭 연락하기를 바란다.

나는 중년의 나이에 공직에 들어왔다. 살면서 힘든 과정을 수없이 겪어 나름대로 노련한 나이였다. 그런 나도 공직 초기에 죽을 것 같이 힘든 시간을 보냈다. 사회 경험이 적거나 없는 이들에게 비슷한 일이 일어난다면 훨씬 더 힘들 것이라 생각한다. 나는 그런 분들에게 힘이 되고 싶다. 그들이 힘들고 막다른 골목에서 막막할 때, 너무 힘들어 올바른 생각을 하지 못하고 머릿속이 버퍼링 중일 때 손을 잡아 주고 싶다. 괜찮다고, 힘든 게 당연하다고 말해주고 싶다. 그리고 터널의 끝은 반드시 있으며, 그것이 어디인지 알려주고 싶다. 더 이상 아까운 희생들이 없기를 바라는 마음이다. 그들에게 진심을 다하는 멘토가 되고 싶다.

만약 이 책을 읽고 있는 당신이 그런 상황이라면 당장 연락하기를 바란다. 조금이라도 힘이 될 수 있다면 최선을 다해 돕고 싶다. 자신을 소중히 여긴다면 한 걸음만 내디디면 된다. 자신이 가고자 하는 길을 먼저 걸어간 사람을 멘토로 삼을 수 있다는 것은 행복한 일이다. 멘토는 홀로 힘겹게 걸어가는 나에게 등대가 된다. 현실의 무게에 길을 잃을 만하면 밝은 빛으로 제자리를 찾게 도와준다.

나는 책을 읽다가 우연히 〈한책협〉을 알게 되었다. 그곳의 대표 김태광은 "성공해서 책을 쓰는 것이 아니고 책을 써야 성공한다."라고 한다. 그리고 몸소 25년간 그 가치를 실천해왔다. 그는 내가 가고자 하는 길에 스승이 되어주었다. 내가 원하는 길을 어떻게 찾아야 할지, 찾았다면 어떻게 걸어가야 할지 몰라 답답해하고 있을 때마다 길을 밝혀주고 채찍질해주었다.

내가 어둠속에서 헤맬 때 그들이 내게 빛이 되어준 것처럼, 나도 도움이 필요한 누군가에게 등대가 되고 싶다. 당신이 공직 생활에서 길을 몰라 헤매고 있다면 당장 연락하기를 바란다. 내게 손을 내밀기만 하면 된다.

4

이토록 사는 게 재미있는 줄 몰랐다

여름, 뜨거운 어느 날, 아들을 문경에 있는 엄마 집에 데려다 주고 오는 길이었다. 아들은 가는 내내 시무룩했다. 충분히 얘기를 하고 타일렀다고 생각했다. 그러나 어린 아이는 엄마의 장기간의 부재를 이해할 수도 이해하고 싶지도 않은 듯했다.

여행은 보름간의 일정이었다. 여행이라기보다는 업무라고 하는 게 옳다. 그곳에서 워크숍과 공연 스케줄이 있기 때문이었다. 개인적으로 바쁜 지부를 제외하고 대부분의 지부장들이 동행했다. 서울 협회 식구들을 포함한 30여 명이 함께했다. 좋아하는 일 안에 여행이 있고 여행 안에 일이 있으니 즐겁지 않을 리가 없었다. 가족에게는 미안하지만 너무 행복했다. 한 달 여 전부터 이 여행을 위해 준비를 해왔다. 설렘과 기대로 가득한 마음의 준비들! 여행의 시작은 짐을 꾸릴 때부터라고 했던가?

"진정한 여행이란 새로운 땅을 찾는 것이 아니라, 새로운 눈을 찾는 것이다."

– 마르셀 프루스트

벨리댄스의 본국이라고 할 수 있는 이집트와 터키로의 여행이었다. 터키는 여행사와 조율 중에 나중에 제외되었다. 벨리댄서에게 이집트로의 여행은 영문학도에게 윌리엄 셰익스피어의 고향인, 영국 스트렛포드 어폰 에어번(Stratford-upon-Avon)으로의 여행과 다를 바가 없다. 이집트는 왠지 현실에 존재하는 국가라기보다 고대의 한 시대를 의미하는 것 같았다. 이집트에 간다는 것은 실재하는 공간이 아닌, 과거로 가는 시간 여행 같았다.

벨리댄스 음악의 모태는 아랍음악이다. 이집트에는 이집트 민속춤과 음악이 있다. 라틴댄스와 이집트 민속춤이 만나 그들 고유의 이색적인 춤이 형성되었다. 그것이 이집트 벨리댄스이다. 절제되고 복잡한 힙 동작과 느긋하고 부드럽고 감성적인 것이 특징이다. 벨리댄스는 다산을 기원하는 종교 의식이다, 집시들이 추던 춤이다, 아니다. 터키에서 술탄에게 간택되기 위해 하렘의 여성들이 추던 것이다. 그 유래에 대한 의견은 여전히 분분하다.

아무튼 해외여행이라고는 신혼여행 때 갔던 중국 연길, 아이가 6살 때 가족이 함께 갔던 태국, 아들과 어학연수로 갔던 필리핀 등 몇 시간이면 도착하는 아시아 쪽이 전부였다. 16~17시간이 걸리는 이집트로의 여행은 내게 일종의 모험 같은 것이었다.

비행기 좌석 안에 구겨져 있던 몸이 더 이상은 한계라고 아우성 칠 즈음, 이집트에 도착했다는 기내 방송이 나왔던 것 같다. 사실 15년이나 지난 기억을 소환하기란 쉽지 않다. 그것을 증명해주는 사진 몇 장과 토막토막 이어진 기억이 전부다. 그래서 과거 사실과 추측 사이에서 기억이 왔다 갔다 한다. 중요한 것은 그 순간 나의 감정을 기억하는 것이다.

8명의 지부장들은 4명씩 두 개의 방을 썼고 협회장과 그 측근, 협회 프로 공연 단원 몇 명과 일반회원 몇 명 등, 우리 일행은 총 5개의 방을 썼던 것으로 기억한다. 우리는 매일 호텔에서 나와 어디론가 워크숍을 받으러 갔다. 워낙 지리 감각이 둔한 터라 어디로 갔는지, 거기가 어디였는지 기억에 없다. 워크숍이 이루어진 건물 안에는 전 세계에서 온 이국적인 댄서들로 넘쳐났다. 건물 입구부터 이국적인 건축 양식과 분위기에

압도되어 사진을 찍기에 여념이 없었다. 건물 내 기둥 하나도 멋진 작품으로 보였다.

　그곳에서 대학교에서 학기 초에 수강신청을 하듯, 우리도 각자 원하는 댄서나 작품을 선택했다. 어떤 강좌에서는 일행을 만나기도 하고 어떤 강좌에서는 아는 사람 없이 배우기도 했다. 언어는 달랐지만 춤을 춘다는 공통점이 있어서인지 타국의 댄서들과 스스럼없이 지냈다. 동작을 배우면서 동영상으로 찍는 것은 필수였다. 그래야 귀국해서 그것을 또 제자들과 회원들에게 가르칠 수 있기 때문이다.

　그때만 해도 휴대폰의 동영상 촬영 기능은 상상도 못 했다. 그래서 댄서들에게 캠코더는 필수였다. 여행 출발 전에 최신 캠코더를 장만해갔다. 그러나 지금 그때 찍어놓은 영상이나 사진을 보면 화질이 좋지 않다. 그만큼 기술이 발전했으니 당연하다.

　각국의 댄서들은 자신의 작품을 가르치고 CD나 교재를 팔기도 했다. 수업을 모두 마치면 같은 건물에 벨리댄스 의상과 소품들을 파는 곳을 구경했다. 그리고 어느 날은 시장(bazar)에 가서 수업 때 쓸 숄이나 소도구들을 사며 구경을 했다. 일정이 끝나갈 즈음에는 피라미드를 보러 갔다. '기자피라미드'로 기억한다. 피라미드를 보는 것은 나의 버킷리스트

중 하나였다. 그곳에서 고대 이집트에 온 것 같은 기분을 만끽했다. 너무 행복했다.

피라미드에 도착하면 낙타를 대동한 어린 소년들이 근처에서 호객 행위를 한다. 낙타를 타고 스핑크스가 있는 곳까지 갈 수 있다고 했다. 그러나 낙타 등이 무서워 나는 시도해보지 못한 것이 후회로 남았다. 사실 무덤 내부는 기대에 비해 단조로웠다. 경주에 있는 천마총에 비해 훨씬 단순하고 싱거워 웃었던 기억이 난다.

이집트에 있는 동안 하루하루가 즐겁고 행복했다. 공감대가 있는 사람들과 함께 좋아하는 일을 배우고 연습하고 공연을 한다는 것! 여가 시간에 동경하던 나라를 구경하고 알아간다는 것! 유창하진 않지만 내가 좋아하는 영어를 실컷 말할 수 있다는 것! 어쩌면 이 일정이 곧 끝날 것을 알기에 더 소중하고 달콤한 시간이었으리라.

우리는 여행을 통해 새로운 공간으로 간다. 새로운 사람들을 만난다. 새로운 문화와 언어를 접한다. 그리고 반복된 일상과 매일 마주치는 사람들에게서 벗어나 자유를 만끽한다. 우리는 여행을 통해 새로운 눈을 갖는다. 새로운 곳의 문화를 경험하고 그들의 삶을 보며 나의 가능성을 확인하기도 한다. 여행을 갔다가 인생의 항로가 바뀌는 사람들도 더러 있다. 여행은 지루한 우리 삶에 생기를 주는 산들바람 같은 것이다. 때로는 태풍으로 삶 전체를 뒤집어놓기도 한다.

대부분의 사람들이 여행을 좋아한다. 일주일 동안 행복을 전당포에 맡겨놓고 일만 하는 우리다. 그리고 주말이나 휴가를 이용해 즐거움을 찾아 떠난다. 그러나 지금은 코로나19의 장기화로 그 자유를 제지당하고 있다.

젊은이들은 젊은이들대로, 기성세대는 그들대로 힘든 현실을 살아가고 있다. 도무지 살아가는 즐거움이 없고 만족감을 맛볼 수 없다고 한다. 사람들은 성공을 위해 무척 열심히 노력한다. 그야말로 혼신의 노력이다. 인생의 재미, 즉 즐거움에 관한 생각은 일단 접어두고서 땀 흘리며 이를 악물고서 참아낸다. 훗날의 즐거운 인생을 꿈꾸며 말이다.

데일 카네기는 자기가 하고 있는 일에 재미를 느끼지 못한다면 좀처럼 성공할 수 없다고 했다. 재미를 느껴야 성공할 수 있다는 것이다. 자신이 좋아하는 일을 찾아낸다는 것은 축복이다. 자신이 좋아하는 일을 생업으로 한다는 것은 더 큰 축복이다. 그러나 그런 경우는 드물다. 지금 하고 있는 어떤 일이 성공하기 위해 매우 중요한 일이라면, 그래서 반드시 잘 해야 한다면 그 일에서 재미를 찾으려 노력해야 한다.

"어리석은 사람은 멀리서 행복을 찾고 현명한 사람은 자신의 발치에서 행복을 키워간다."

—제임스 오펜하임

다람쥐 쳇바퀴 돌듯 하는 삶에 변화가 필요하다. 그렇다고 무슨 큰 변화를 말하는 것이 아니다. 직장을 옮긴다든가 이사를 하라는 것이 아니다. 매일 다르게 살라는 것은 일상 안에서 작은 변화를 가져보라는 것이다. 그 속에서 자신이 찾아야 한다. 우리가 이토록 열심히 사는 이유는 행복하기 위해서다.

이 와중에도 누군가는 웃고, 행복해한다. 이런 와중에 누군가는 가족들과의 갈등으로 힘들어한다. 똑같은 상황에서도 다양한 결과가 나타난다. 우리가 마음먹기에 따라 충분히 웃으며 살아갈 수 있다. 적어도 사랑하는 사람들과 함께할 때는 더욱 그렇다. 작은 것 하나하나가 쌓여 행복 마일리지가 올라간다. 자신에게 오늘도 작은 행복하나 선물해보자. 일상 속에서의 사소함이 즐거움의 씨앗이다.

공무원이 되고 조직 생활에 적응하는 기간, 즐거움이 뭔지 잊고 살았다. 그런 내게 이집트에서 느꼈던 그 바람이 불고 있다. 내 마음은 지금 여행 중이다. 기쁨은 특정한 사물이나 행위에 있지 않다. 바로 우리 마음속에 있다. 동료들과 어려움을 나누고 함께 웃는 사소한 일상에서 나는 기쁨을 느낀다. 그들이 아프면 같이 걱정하고 내가 힘들 때 그들의 온기로 마음이 따뜻해진다. 그리고 누군가에게 선한 영향력을 주는 사람이 되고 싶은 소망이 있다. 그 소망을 위해 여러 가지를 배우고 있다. 선한 목적을 품고 뭔가를 배운다는 것은 기쁨일 수밖에 없다.

5

쉰이 되어보니 늘 어제보다 오늘이 눈부시다

"한 발 남은 총알처럼 오늘 하루는 내 인생의 유일한 시간이다. 다시는 돌아올 수 없는 내 인생 가장 젊은 날이다. 하루하루 즐겁게 살아갈 이유는 이것으로 충분하다."

　　　　　　　　　　　　　　 – 정태섭, 『하루를 살아도 후회 없이 살고 싶다』

오늘 하루는 내 인생의 유일한 시간이다. 되돌릴 수 없는 가장 젊은 날이다. 그러므로 지금이 가장 소중하다. 많은 사람들이 술 한 잔하며 지나간 날들을 안주삼아 얘기한다. "그때는 내가 말이야."라고 하면서 잘 나갔던 지난날을 얘기한다. 지나간 것을 붙잡고 있는 사람만큼 못난 것이 없다. 그만큼 현재 자신의 모습에 자신이 없다는 주장을 하는 것과 같다.

크게 떠들수록 공허함만 커질 뿐이다.

또 어떤 사람은 아직 다가오지 않은 앞날에 대해 걱정한다. 오지 않는 미래에 겁먹을 필요 없다. 사실 막상 가보면 아무것도 아닌 게 세상엔 참 많다. 그럴 시간에 내가 원하는 것을 찾고 꿈에 대한 것을 실천하는 것이 더 중요하다. 그리고 지금 내 곁에 있는 사람을 한 번 더 바라보고 사랑한다고 말하는 것이다.

만약에 과거에 어떤 것을 하지 못한 것이 후회된다면, 지금 당장 하라. 또 10년 후에는 지금이 후회로 기록되는 과거가 되지 않기 위하여.

인생은 예행연습이 없다. 오늘은 과거 내가 생각하고 꿈꾸고 노력했던 것의 모습이다. 내일은 오늘 내가 한 말과 행동의 열매다. 지금 당장 내가 어떻게 시간을 보내느냐에 따라 내일, 혹은 10년 후의 내 모습이 정해진다.

지금이 내 인생 최고의 날이다. 꿈을 꾼다는 것은 젊다는 것이고 젊다는 것은 도전할 수 있는 열정이 있다는 것이다. 지금 무엇인가를 할 수 있다는 사실이 오늘 하루를 즐겁게 살아갈 충분한 이유가 되지 않을까?

tvN 월화드라마 〈나빌레라〉에 발레를 좋아하는 할아버지가 나온다. 그는 어렸을 때 발레가 자신의 유일한 관심사였다. 성인이 되어서는 가족을 위해 평생을 살아왔다. 자녀들이 모두 사회에서 자리를 잡고 친구의 죽음을 겪을 즈음에야 그는 발레가 생각났다. 하지만 가족들은 그를 이해하지 못한다. 중년의 큰아들은 가난한 집안 형편 때문에 자신도 희생하고 살았다며 아버지에게 등산이나 다니라며 상처를 준다.

이 드라마를 보며 유독 한국의 중년들은 가족들의 생계만 걱정하느라 정작 자신을 챙기지 못한다는 사실을 새삼 깨닫는다. 자식들은 그런 부모에 대한 마음의 부채를 진 채 커간다. 서로를 위한다며 억눌러왔던 욕망은 오히려 가족 간의 관계를 껄끄럽게 만든다.

요즘은 '신중년이다, 꽃중년이다' 하며 자신이 좋아하는 일을 찾는 사람들이 늘었다. 어떤 사람은 자신이 걸어온 길과 관계없는 전혀 새로운 분야에 도전한다. 또 어떤 사람은 젊은 시절부터 하고 싶었던 일에 열정을 태운다. 자신을 소중하게 대하고 반짝반짝 빛나는 삶을 살기 위해 어떻게 해야 할까? 중년여성의 입장에서 정리해보았다.

먼저 자신을 사랑하고 챙겨야 한다. 생선구이를 먹을 때에는 자신이 좋아하는 부위를 선점한다. 유통기한이 지난 음식이나 화장품은 과감히 버려라. 혼자 식사할 일이 있을 때, 최대한 잘 차려서 우아하게 먹는다. 작은 것부터 자신을 챙기고 좋아하는 것을 당당히 요구할 수 있어야 한다.

두 번째, 나에게 없는 것을 부러워하지 마라. 주름에 집중하지 마라. 꽃이 졌다고 슬퍼하는 하수는 되지 말자. 꽃보다 열매이다. 자신이 가진 것에 집중하고 가지지 않은 것에 에너지를 쏟지 마라. 나만이 가질 수 있는 경험과 노련함을 자신감으로 채워라. 젊은이들이 가질 수 없는 사회적 기반, 경제적 여유, 경륜에서 나오는 능숙함은 엄청난 것이다. 돈으로 살 수 없다. 나만의 향기로 살려라.

세 번째, 남편이나 자녀를 돌보려고 하지 마라. 그들은 베이비도 아니고 나는 베이비시터도 아니다. 그들은 벌써부터 성인이었다. 돌보지 않으면 안 될 것 같은 생각은 나만의 착각이다. 오히려 나 때문에 그들의 타고난 생존 능력이 퇴화된다. 호구 노릇은 그만해라. 애초에 그들이 원하지 않았을지도 모른다.

네 번째, 홀로 서라. 좋아하는 일을 찾고, 최소한 나를 책임질 수 있는 경제력도 키우라. 예전부터 하고 싶었던 일이 있었는가? 가족들을 돌보느라 아니면 생업을 위해 사느라고 바빠서 접어둔 꿈이 있다면 지금 시작하라.

그리고 함께 추억을 나눌 친구들을 만들어라. 대신 열정이 있고 긍정적인 친구를 찾아라. 미래를 얘기하고 진심으로 마음을 나눌 수 있는 사람이면 좋겠다. 가족이 없을 때 함께 동지가 되어줄 존재이다.

생일이 지나지 않았으니 만 49세이다. 아니 50세다. 나의 우리나라 나이다. 참! 이 숫자란 것이 잔소리하는 시어머니 같다. 내 자유를 자꾸 저지하려고 하니 말이다. 사회는 나이에 맞는 틀을 짜놓고 그 안에서 살라 한다. 자립할 수 있을 만큼 경제 활동도 하고 사회적으로 자리를 잡아가고 있다. 비로소 가족에 대한 책임과 짐을 덜고 나만의 영역을 누리며 살아가려 한다. 그런데 친절(?)한 사회와 젊은 사람들이 나답게 살려는 기회를 제한하려 한다. 입사지원서를 넣으면 젤 먼저 보는 것이 경력보다 나이라고 한다. 경력이 많고 나이까지 많으면 부담스러워 채용하려 들지 않는다.

지인의 남편은 30년 가까이 철강 관련 회사에서 재직했다. 그는 현장에서 오를 수 있는 가장 높은 자리까지 올랐으며 그만한 능력을 갖추고 있었다. 그러나 회사의 사정으로 일을 그만두게 됐다. 관련 업종에 이력서를 넣으니 대놓고 부담스럽다는 말을 하더란다. 결국 그가 자신의 경력을 살려 들어 갈 곳은 없었다. 그래서 경력과 무관한 단순 노동을 요하는 회사에 취직을 하기는 했으나 사회 초년생과 같은 월급과 대접을 감수해야 했다.

초년생 대접을 받는 것은 어쩔 수 없다고 하더라도, 그가 30년 동안 쌓아올린 경험과 노련함이 그렇게 사장되어버리는 것은 안타까운 일이다.

한 사람이 오랜 시간 동안 노력해서 배우고 익힌 기술이나 노하우이다. 경륜에서 묻어나오는 노련함은 단기간에 갖고 싶다고 가져지는 것이 아니다. 사회적으로도 손실이 아닐 수 없다. 그 회사의 입장도 이해는 한다. 그만한 경력에 대한 대접을 해줘야 하는데 그들에게는 굳이 그렇게까지 희생을 감수할 필요가 없었으니 말이다. 좀 가르치는 번거로움이 있더라도 신규 직원을 채용하는 것이 비용적인 면에서 유리하다. 또한 일을 시키는 입장에서도 편하다.

사회가 빠르게 변하고 기업에서 요하는 인재에 대한 개념도 그 속도에 맞추어 변한다. 나이가 들면 이 속도와 변화를 따를 수 없는 것은 사실이다. 인정해야 한다. 변화에 발맞추지 못한다고 기죽을 필요는 없다. 어차피 빠르고 정확한 일들은 컴퓨터가 대체하는 시대이다. 자신만이 할 수 있는 것을 찾으면 된다. 나이가 많은 것을 개성으로 생각하는 발상의 전환이 필요하다. 이미 내 안에 자신만의 콘텐츠와 이미지가 있다.

자신의 내면을 잘 들여다보아야 한다. 내가 뭘 좋아하고 내가 말을 어떤 식으로 하고 내가 어떤 상황에서 행복하고 화가 나는지, 나는 어떤 단어를 자주 사용하는지. 나라는 원석을 잘 다듬어 빛나는 존재로 만들어야 한다. 오늘, 지금이 가장 눈부신 때이다. 당신이 보석으로 거듭날 때임을 명심하라.

6

행복하려면 고정 관념과 작별하라

사람들은 행복하기를 바라면서도 정작 자신의 삶에 행복을 가까이 두지 않는다. 행복하다는 말보다는 불행하다는 말을 자주한다. 감사한 일보다 상처받은 일, 손해본 일들만 기억하는 경향이 있다. 나부터도 그렇다. 행복했던 순간이 분명히 있었을 텐데 그것보다 힘들고 상처받은 것만 기억에 오래 남는다. 이유가 뭘까? 기쁘고 즐거울 때는 그것이 당연한 것이라고 생각했기 때문이 아닐까?

나를 기쁘게 하는 일은 무엇인지, 내가 많이 웃었던 장면은 어떤 것들인지 생각해보라. 그렇지 않으면 바쁜 일상에 자신을 빼앗긴 사이, 행복은 나를 스쳐 지나간다. 그리고 우리가 알아봐주길 기다리면서 또 다시

온다. 우리는 늘 행복을 꿈꾸지만 실제로는 열심히 행복을 찾지도, 추구하지도 않는 아이러니한 삶의 패턴을 반복한다.

어떤 집단에서 우세하게 나타난다고 여겨지는 (많은 경우 부정적으로 받아들여지는) 특성이 있다. 이것은 그 집단의 모든 개인들에게 개인 간 차이를 전혀 고려하지 않고 부여된다. 이것을 '고정관념'이라고 한다. 단순한 인지적 관점이라고 정의되어 있다. 혹자는 '반대되는 예를 목격하더라도 여전히 사라지지 않는 비합리적인 생각'이라고도 했다. 예를 들면 '모든 독일인은 근면하고 효율적이다.'라는 주장은 게으른 독일인을 목격하더라도 바뀌지 않는다는 것이다.

고정 관념의 문제는 뭘까? 타인에 대해서, 종종 나쁜 쪽으로, 우리의 생각을 왜곡시킬 수 있다는 점이다. 그에 따른 행동으로 차별이 발생할 수 있다. 물론 실제로 그렇게 피해를 입는 사람들도 있다. 예를 들면, "그 사람, ○○○한대!"라는 정보 하나로 곧바로 그 사람에 대한 이미지를 상당 부분 그려낸다. 이렇게 되면 사람들은 그 사람에 대한 더 이상의 개인화된 정보에는 관심이 없다. 이미 알고 있다고 생각하기 때문이다.

우리는 여러 가지 고정 관념을 갖기도 하고, 퍼뜨리기도 한다. 그 중에 성(gender)에 대한 것을 보면, "여자는 감성적이고 섬세하다.", "남자는 공격적이고 단순하다."라는 가장 흔한 고정 관념이 있다. 사람들은 그 근거를 '뇌'에 둔다. 즉, 남녀는 기본적으로 뇌 구조 자체가 다르다는 것이다.

『젠더 모자이크』의 저자이며 신경과학자, 젠더 및 뇌 분야의 과학자로 정평이 나 있는 다프나 조엘(Daphna Joel)은 이러한 세간의 의견이 틀렸음을 과학적으로 입증했다. 그는 "인간의 뇌는 여자도 남자도 아니다. 단지 여자에게 또는 남자에게 흔하게 나타나는 특징들이 모여서 형성된 모자이크일 뿐이다."라고 한다. 이 모자이크는 만화경 속에서 끊임없이 변하는 색 조각처럼 일생을 거쳐 바뀐다. 남녀를 나누는 외형적인 모습, 즉 생식기 등은 수술하지 않는 이상 평생 그 형태를 유지한다. 그러나 인간의 뇌는 여러 조건과 환경에 의해 끊임없이 변한다. 뇌는 가변적이기에 진정한 남자 뇌와 여자 뇌라는 것은 없다.

그는 "내가 꿈꾸는 세상에는 젠더가 없다. 여성, 남성, 간성(間性)의 인간들이 이 세상에서 제공되는 모든 것을 선택할 자유가 있다. 누구는 '인형'을, 다른 누구는 '자동차'만을 선택할 수도 있을 것이다. 그러나 많은 사람들이 둘 다를 선택할 것이다. 당신이 사랑하고 추구하는 것이 무엇이든, 그것이 인간이 해도 되는 것이라면 당신은 해도 된다."라고 덧붙였다.

내가 공무원이 된 데에도 이 고정 관념이 제 역할을 톡톡히 했다. 결론적으로 잘했다고 생각하지만 그 과정에서 아이와 내가 크게 상처받았던 건 사실이다.

아이가 처음으로 반장이 되었던 초등학교 5학년 때였다. 아이가 반장이 되면 엄마는 당연히 학교 일에 많은 관심을 쏟아야 했다. 또한 크고 작은 행사 때마다 시간을 내서 학교를 찾아가야 했다. 초등학교에는 소소하게 행사가 많았다. 그때마다 반장을 비롯한 감투 쓴 아이의 엄마들은 미리 나와 준비를 했다. 물론 모든 과정에 참여도 해야 했다.

그 당시 나는 벨리댄스 지부를 운영하느라 아침부터 밤10시까지 수업이나 공연 준비로 바빴다. 한번은 모이기로 약속한 날을 깜박 잊고 못 갔다. 또 한번은 행사에 참석하기로 한 날, 수업과 수업 중간에 급하게 가다 보니 옷을 바꿔 입지 못하고 학교에 간 적이 있었다. "옷이 좀 그러네요." 그 중 어떤 엄마가 말했다. 물론 내 불찰이었다. 좀 더 신경 썼어야 했다.

그 시기에는 집에서 아이들을 돌보며 살림만 했던 엄마들이 많았다. 대체로 직장을 다니지 않는 엄마들은 그들만의 정형화된 시각이 있었던 것 같았다. 다 그런 것은 아니다. 아이 친구의 엄마에게서 어떤 얘기를 전해 들었다. 나에 대한 다른 엄마들의 이야기였다. 그 얘기에 따르면, 나는 '춤추는 아줌마, 끼 있는 여자, 조신하지 못한 여자'였다. 겉모습으로 판단한 나에 대한 고정 관념이었을 것이다. 아이의 담임 선생님도 엄마들과 같은 아파트에 살았다. 그녀도 그들의 생각과 같았을까? 아이에게 무슨 말을 했던 걸까? 아니면 다른 일이 있었던 것일까? 엄마가 제대로 뒷받침을 못 해줄 것이라고 아이 스스로 판단했던 걸까? 얼마 후 아이는 반장을 그만두고 싶다고 말했다. 이유는 말하지 않았다. 생각에 생각이 꼬리를 물었다.

엄마라면 이런 상황에서 마음이 아픈 것이 당연하다. 나에 대한 소문이나 비방은 괜찮았다. 워낙 구설수에 자주 올랐기 때문에 맷집이 생겼다. 그리고 소문이나 험담이라는 것이 관심의 다른 방식이기도 하니까. 어른인 나는 그렇게 치부해버리면 그만이다. 그러나 아이는 반장이 되었을 때 몹시 흥분하고 좋아했다. 나는 두말할 것도 없었다. 엄마가 어떤 물질적, 시간적 지원도 해주지 못했는데, 혼자 힘으로 당당히 반장이 된 것이 너무 자랑스러웠다. 그런데 아무런 잘못도 없는 아이가 반장을 그만두려고 결심했을 때는 얼마나 속상했을까?

나 때문이라는 자괴감에 며칠을 고민했다. 그리고 그들의, 사람들의 고정 관념 안에 편입하기로 결정했다. 적어도 내 직업 때문에 아이가 힘들어하는 것은 더 보기가 힘들었다. 타인의 고정 관념에 휘둘리는 것이 썩 마음에 들지는 않았다. 그러나 아이가 행복하고 그를 보며 내가 행복하다면 참을 만했다.

그렇게 아이의 행복을 위해, 행복할 아이를 보며 더 행복해할 나를 위해 공직에 들어왔다고 생각했다. 사람들이 동경하는, 혹은 적어도 나쁘지 않다고 생각할 만한 경계 안에 진입했다고. 그런데 합격했을 때는 이미 아이가 많이 커버렸다. 시간은 기다려주지 않았다. 망설이느라 너무 긴 시간을 낭비했다. 공부하느라 많은 시간을 소비했다. 내가 너무 늦게 들어왔다는 것을 확인하게 되었다. 아이가 행복했을까? 물어보지 못했다. 정작 아이가 더 필요로 할 때, 좀 더 어렸을 때 들어왔으면 좋았을 것을. 그러면 아이를 혼자 집에 두는 시간을 좀 줄일 수 있었을 텐데……

공무원 시험에 합격하면 다수의 사람들이 만들어놓은 울타리 안에 들어온다고 생각했다. 안전지대에 들어왔으니 행복하고 편안할 거라 생각했다. 그런데 합격이라는 결과 외에는 행복하지 않았다. 아이는 이미 커버렸다. 이를 악물고 공부했던 이유는 어이없게 사라진 듯했다. 단지 아이에 대한 죄책감을 덜어줄 면죄부가 필요했던 것 같다. 제도 안에서 사람들이 정해 놓은 행복의 조건이란 것에 매달린 결과이다. 그러나 중요한 것은 내 생각과 의지이다. 행복도 사랑도 내 마음 안에 있다.

오리슨 스웨튼 마든은 『성공으로 가는 생각법칙』에서 이렇게 말한다.

"불붙어 있는 양초로 다른 초에 불을 붙인다 한들 처음의 양초의 불이 약해지거나 꺼지는 일은 없다. 마찬가지로 다른 이에게 우정과 사랑을 베푼다 해서 자신의 행복이 줄어드는 것은 아니다. 탐욕과 이기심을 버리고 관대하고 열린 마음으로 살아간다면 이미 꿈은 반은 이룬 것이나 다름없다."

가난에 찌들어 각박해진 마음은 성공과 행복이 들어오는 문과 길목을 막아버린다. "공무원 봉급으로는 어림도 없지.", "우리 같은 유리지갑들은 평생 돈을 모아봐야 부자들의 들러리만 하지.", "내 평생 람보르기니가 무슨 말이야. 구경도 못 해보고 죽을 걸?" 이런 불평과 생각은 풍요로움과 행복으로 가는 길을 스스로 막는 빗장이다.

진실로 풍요롭고 행복지고 싶다면 이 땅, 이 사회에서 만들어놓은 당위성이나 어려서부터 몸에 습득된 제도, 문화에 대한 저항을 극복해야 한다. 그리고 자신이 원하는 소망과 욕망을 상상하고 이루어졌다고 느끼는 것이다. 불타는 열정으로 나아가는 것이다. 행복은 사람들이 만들어놓은 틀 안에 있는 것이 아니다. 사방에 널려 있다. 자신이 살아 있음을 느끼고 감사한 마음을 가진다면 언제든지 행복을 주워 담을 수 있다.

7

꿈과 주파수를 맞추면 꿈이 현실이 된다

"낮에 꿈을 꾸는 사람은 밤에만 꿈을 꾸는 사람이 놓치는 수많은 것을 깨달을 수 있다."

— 에드가 엘런 포우(Edgar Allan Poe)

낮에 꾸는 꿈은 의식의 발현이다. 열정적인 삶을 살면서 기꺼이 도전을 서슴지 않는 사람들의 꿈이다. 밤에 꾸는 꿈은 무의식의 표출이다.

밤에만 꿈을 꾸는 사람들은 낮에 꿈을 꾸는 사람들을 무모하다고 한다. 일만 벌인다고 비웃는다. 그러나 역사는 낮에 꿈꾸는 자들에 의해 이루어졌다는 사실을 잊지 마라.

내 꿈은 무엇일까? 바쁜 일상에 잊고 있던 꿈들을 깨워보자. 우선, 어린 시절의 꿈이 무엇이었는지 상기해보자. 안승준 한양대 특임교수는 스스로를 '디지털 펜 아티스트'라 소개한다. 스마트기기를 활용해 그림을 그리는 일을 하는 사람이란 뜻이다. 그는 고교 시절 미대 진학이 꿈이었다. 그러나 당시에 미대는 배고픈 길이라는 인식이 있었다. 부모님, 사회 등 외부적인 기준에 따라 삼성전자에 입사하게 된다. 은퇴 즈음에 어린 시절 꿈을 떠올렸고 그림을 그리기 시작했다. 그렇게 '디지털 펜 아트'라는 영역을 만들었고 그는 요즘 아주 행복해한다.

다음으로 내일 혹은 지금 당장 죽는다는 가정 하에 하고 싶은 일을 적어본다.

우동집 사장 신상목 씨는 외교관이었다. 파키스탄 대사관에서 근무할 당시 가족들과 호텔에서 식사를 하기로 했다가 사정이 있어 예약을 미뤘다. 그런데 곧 그곳에서 수백만 명의 사상자를 낸 폭탄 테러사건이 발생했다. 그 일로 그는 자신이 언제 죽을 지도 모른다는 생각이 들었다. 예전부터 꿈꾸던 일을 하면서 남은 인생을 보내고 싶어졌다. 그것은 맛있는 음식으로 사람들에게 위안을 주는 우동집 운영이었다.

마지막으로, 자신의 내면을 들여다보아라. 가족이나 친지, 혹은 사회에서 인정하는 것이 아닌, 내가 진정으로 원하고 가장 나다운 것을 찾으려는 고민에서 시작되는 꿈이라야 온전히 몰입할 수 있다.

"꿈을 기록하는 것이 나의 목표였던 적은 없다. 꿈을 실현하는 것이 나의 목표다."

— 만 레이, 미국의 시각미술가

꿈을 실현하려면 꿈과 주파수를 맞춰야 한다. 나와 미래의 꿈이 일치할 때 꿈은 더 빨리 이루어진다.

타고난 성향이나 자라온 환경이 다른 두 남녀가 있다. 호감으로 시작한 둘의 관계가 사랑으로 가기까지에는 다채로운 감정의 여정을 지난다. 상대에 대한 마음이 급속히 깊어지는 사람이 있고 서서히 깊어지는 사람도 있다. 속도가 좀 느린 사람은 빠른 상대의 감정을 따라잡기가 버겁다. 속도가 빠른 사람은 상대방의 성향을 잘 모른다. 그러니 자신의 감정이 거부당했다고 생각하고 절망한다. 그리고 정리의 수순을 밟는다. 속도가 느린 상대는 이제 그에 대한 감정이 깊어지고 있는데 그는 떠나려 한다. 이렇듯 속도 차이로 인해 두 사람의 사랑으로의 여정이 지속되지 못하고 끝나는 경우가 종종 있다.

감정이 빨리 깊어진 사람이 늦은 사람을 더 기다린다면 어느샌가 둘의 마음이 만나는 시점까지 오게 된다. 혹은 속도가 느린 사람이 빠른 사람의 속도를 맞추려고 노력하다 보면 좋은 결실을 볼 수도 있다. 서로 다른 속도의 마음을 가졌기에 앞서 나가고 뒤처지기도 한다. 그러나 상대방을 이해하고 받아들이다 보면 두 사람의 사랑의 접점이 되는 주파수를 찾아내기 마련이다.

대부분의 사람들은 중년까지 가족을 이루고 그 가족을 위해 열심히 살아간다. 그리고 중년의 나이쯤 되면 자연스럽게 자신을 돌아보게 된다. 나는 40대에 공무원이 된 후, 어느 정도 일에 적응하게 되면서 뭔지 모를 갈증을 느끼고 있었다. 그 정체 모를 열망과 답답함에 하루하루를 보내고 있었다. 할 수 있는 것이라고는 계속해서 독서를 하는 것뿐이었다. 무엇을 할지를 모르면서 뭔가가 되고 싶은 욕망이 계속해서 나를 가만두지 않았다. 물론 늦게 공직에 들어온 터라 노후가 불안했던 것도 원인 중 하나였을 것이다. 퇴직 후 수령할 연금이 턱없이 부족하다는 사실을 간과할 수 없었다.

주말, 어김없이 책꽂이 사이를 돌아다니며 또 열정을 태울 뭔가를 찾아 헤매고 있었다. 여느 때와 같이 자기계발서 두 권을 골라 나가려던 찰나, 『버킷리스트 26』이라는 책이 눈에 꽂혔다. 그동안 책을 빌려서 읽고 반납하기를 반복하면서 머릿속 책 내용도 같이 반납되는 것 같았다.

이래서는 안 되겠다 싶어 좋은 글귀를 적기 시작했다. 그러면서 책을 좀 더 꼭꼭 씹어 먹게 되었다. 『버킷리스트 26』이라는 책에는 주변에서 흔히 만날 수 있는 직업군의 작가들을 볼 수 있다. 26개의 소망을 읽으면서 '어떻게 이런 큰 꿈을 꿀 수 있지? 그냥 책을 쓰기 위해 나온 억지소리인가?' 하고 궁금해졌다. 더구나 그 평범한 사람들이 〈한책협〉의 도움을 받아 책을 썼다는 내용이 반복해서 나왔다. 또한 이 책을 읽는 동안 어린 시절 내가 작가가 되는 상상을 하곤 했다는 것을 떠올리게 되었다. 나는 카페 명을 기록해놓았다. 그리고 검색을 하고 가입을 했다. 지금 나는 〈한책협〉의 도움으로 이렇게 책을 쓰고 있다.

웨인 다이어(Wayne W. Dyer)는 『확신의 힘』에서 이렇게 말한다.

"주변을 둘러보라. 감각을 통해 경험할 수 있는 것은 모두 한때 누군가의 상상 속에 있었다. 이것은 스스로 깨달아야 하는 위대한 진실이다. 블레이크의 말처럼 만물이 존재하고 증명되는 현실에 무언가가 나타나려면 먼저 상상 속에 단단히 자리를 잡아야 한다. 상상하지 않는다면 창조의 과정은 없다. 우리는 내면에 이 위대한 힘을 지니고 있다. 이 힘은 사실상 한계가 없고 우리가 태어날 때부터 주어진 것이다."

그러니 자발적으로 꿈을 품어보고, 되고자 하는 사람이 되어 있는 자신을 상상하라. 이 상상 속에서 산다면 우주는 우리와 조화를 이루어 우리의 소원을 모두 이루어줄 것이다. 이 기본적인 원리를 마음속에 간직하라. 지금 존재하는 것들이 한때 누군가의 상상 속에 있었다면 앞으로 존재하기를 바라는 것들은 지금 상상 속에 있어야 한다.

우리는 어떤 식으로든 마음껏 상상할 수 있는 능력을 타고났다. 누구도 우리의 상상을 대신해주지 않는다. 그게 무엇이든 우리의 상상 속에 들어와 자리를 잡았다면 그것은 궁극적으로 우리의 현실이 된다.

그런데 불행히도 우리 대부분은 상상과 반대로 행동한다. 우리의 가장 오랜 소망과 꿈의 반대 방향으로 나아가는 상상의 힘을 사용하곤 한다.

"내가 무슨 수로 그런 부자가 되겠어?", "난 항상 운이 없어.", "내가 맡게 되면 항상 일이 터지더라. 지지리도 복도 없지.", "난 일복이 터졌어.", "내가 무슨 살을 빼겠어. 그냥 이렇게 살다 가는 거지 뭐.", "내 복에 무슨?"

되고 싶지 않은 것은 말도 하지 말고 상상은 더더욱 안 된다. 대신 간절히 바라는 것으로 상상을 채워라. 주변 사람들이 비웃어도 상관하지 마라. 물질적인 차원에 마음을 두지 말고 상상 속 꿈에 주파수를 맞추고 열정적으로 믿어라.

  라디오 튜닝을 좌우로 돌리면 닿지 못할 곳이 없다. '지지직' 주파수만 맞추면 어디든 소리가 닿는다. 내가 원하는 소망 이야기, 그것이 무엇이든 내치지 않고 들어주는 우주가 있다. 가슴이 콩닥거린다. 그 설렘은 나만의 이야기와 꿈이 있기 때문이다. 파도에 밀려 저녁이 오면 나는 이 세상에서 단 하나뿐인 방송을 한다. 그러면 우주는 꿈의 주파수로 내 욕망을 듣는다. 그 순간 나는 발을 딛고 있는 세상을 떠나 오롯이 '나'에게 망명한다.